MAHESH CHAVDA

O poder secreto da
ORAÇÃO
E DO JEJUM

Liberando o
poder da igreja
que ora

Vida

EDITORA VIDA
Rua Conde de Sarzedas, 246 — Liberdade
CEP 01512-070 — São Paulo, SP
Tel.: 0 xx 11 2618 7000
atendimento@editoravida.com.br
www.editoravida.com.br
@editora_vida /editoravida

O PODER SECRETO DA ORAÇÃO E DO JEJUM
© 1998, by Maesh Chavda
Originalmente publicado nos EUA
com o título *The Hidden Power of Prayer and Fasting*
Edição brasileira © 2009, Editora Vida
Publicação com permissão contratual
da DESTINY IMAGE PUBLISHERS (Shippensburg, PA)

Todos os direitos desta edição em língua
portuguesa são reservados e protegidos por
Editora Vida pela Lei 9.610, de 19/02/1998.

É proibida a reprodução desta obra por quaisquer
meios (físicos, eletrônicos ou digitais), salvo em
breves citações, com indicação da fonte.

∎

Exceto em caso de indicação em contrário,
todas as citações bíblicas foram extraídas da
Nova Versão Internacional (NVI)
© 1993, 2000, 2011 by International Bible
Society, edição publicada por Editora Vida.
Todos os direitos reservados.

Todas as citações bíblicas e de terceiros foram adaptadas
segundo o Acordo Ortográfico da Língua Portuguesa,
assinado em 1990, em vigor desde janeiro de 2009.

∎

As opiniões expressas nesta obra refletem o ponto de vista
de seus autores e não são necessariamente equivalentes
às da Editora Vida ou de sua equipe editorial.

Editor responsável: Gisele Romão da Cruz
Tradução: Ricardo Costa
Revisão de tradução: Rosana Brandão
Revisão de provas: Noemí Lucília Soares Ferreira
Diagramação: Efanet Design
Capa: Arte Peniel

Os nomes das pessoas citadas na obra foram alterados nos
casos em que poderia surgir alguma situação embaraçosa.

Todos os grifos são do autor, exceto os indicados.

1. edição: 2009

1ª reimp.: ago. 2009
2ª reimp.: jun. 2011
3ª reimp.: set. 2011
4ª reimp.: mar. 2013
5ª reimp.: ago. 2013
6ª reimp.: mai. 2015
7ª reimp.: jan. 2016
8ª reimp.: maio 2016

9ª reimp.: fev. 2018
10ª reimp.: maio 2019
11ª reimp.: jan. 2020
12ª reimp.: set. 2020
13ª reimp.: dez. 2020
14ª reimp.: set. 2021
15ª reimp.: mar. 2022
16ª reimp.: jul. 2023
16ª reimp.: jul. 2023
17ª reimp.: nov. 2024

Dados Internacionais de Catalogação na Publicação (CIP)
(Câmara Brasileira do Livro, SP, Brasil)

Chavda, Mahesh
  O poder secreto da oração e do jejum: liberando o poder da igreja que ora
/ Mahesh Chavda; tradução Ricardo Costa. — São Paulo: Editora Vida, 2009.

  Título original: *The Hidden Power of Prayer and Fasting*
  ISBN 978-85-383-0101-1

  1. Jejum 2. Oração 3. Vida Cristã I. Título.

08-11981   CDD 248.47

Índice para catálogo sistemático:
1. Jejum: Prática religiosa: Cristianismo 248.47

Sumário

Prefácio — Luciano Subirá 5

1 – Qual a resposta para Stevie? 7

2 – Jesus é nosso maior modelo 20

3 – Os benefícios do jejum que transforma vidas 34

4 – Qual é sua função? 52

5 – Humildade: a posição do triunfo 65

6 – Duas causas de baixas no ministério 85

7 – Flechas de dor, flechas de triunfo 103

8 – Pioneiros da oração e os fatos relativos ao jejum 119

9 – Jejum corporativo e reavivamento do final dos tempos . 139

10 – Como liberar a unção apostólica 158

Prefácio

O livro que você tem em mãos é de valor imensurável. Não apenas por causa da mensagem que proclama – muito necessária ao nosso tempo – mas, também, por causa do mensageiro – que tem autoridade para ensinar aquilo que vive intensamente. Mahesh Chavda fez, por trinta vezes, períodos de quarenta dias de jejum antes de começar a ensinar sobre o assunto.

Posso testemunhar que fui muito encorajado por essa leitura, muitos anos atrás, a dedicar-me mais intensamente à prática dos jejuns prolongados. Há muitos mitos acerca do jejum, seja na perspectiva doutrinária ou até mesmo na medicinal; um deles é o de que faz mal à saúde. Obviamente um jejum, especialmente o prolongado, requer *cuidados* – tanto para iniciá-lo, como para praticá-lo e também para encerrá-lo. Entretanto, praticado de forma correta, nunca será prejudicial à saúde, pelo contrário!

O jejum também precisa ser estimulado e, além da pregação e ensino bíblico – que produzem fé (Romanos 10.17) –, as experiências compartilhadas por quem jejua tanto esclarecem quanto encorajam outros a adentrar na prática dessa bendita disciplina. Jesus condenou o *exibicionismo* dos fariseus que faziam questão de parecer contristados aos homens para promover uma aparente espiritualidade (Mateus 6.16-18). Ele não proibiu, como muitos interpretam sua fala, de se *comentar* sobre a prática do jejum; isso seria contraditório ao registro bíblico do jejum que o próprio Jesus fez. Como se sabe que Cristo, que estava *sozinho* no deserto, fez um jejum de quarenta dias? Certamente porque ele contou! Obviamente que isso não significa que nosso Senhor tenha saído alardeando sua experiência perante todo mundo, mas que, discretamente, repartiu sua experiência com os discípulos. E o que dizer de jejuns coletivos, como o dos líderes da igreja em Antioquia (Atos 13.2,3)? Certamente não há como mantê-los em segredo! Nosso Senhor declarou: "Assim brilhe também a luz de vocês *diante dos outros, para que vejam as boas obras que vocês fazem* e glorifiquem o Pai de vocês, que está nos céus" (Mateus 5.16).

Se fosse proibida a *notoriedade* das nossas boas obras, como seria possível resplandecer a luz *diante dos outros*? Como seria possível aos homens *ver* as boas obras que praticamos? Penso que o diferencial é encontrado na parte final da declaração de nosso Senhor: "e *glorifiquem o Pai* de vocês, que está nos céus". O ponto em questão é quem recebe a glória: Deus ou o homem. Se agirmos corretamente – o que inclui um alinhamento das motivações do coração –, o Pai Celestial será glorificado.

Creio que se está chegando a hora, uma estação profética para a nossa geração, de compreendermos e praticarmos o jejum como jamais fizemos. Isso só será possível através do ensino bíblico e do encorajamento prático, não do silêncio. Oro para que esse material cumpra esse papel de estímulo e encorajamento ao jejum em sua vida.

Boa leitura!

LUCIANO SUBIRÁ,
pastor da Comunidade Alcance,
coordenador da Orvalho.com
e autor *best-seller.*

Orvalho.com

1
Qual a resposta para Stevie?

No início da minha caminhada com Cristo, trabalhei em um hospital para crianças com deficiência mental, em Lubbock, Texas. Exatamente como Jesus foi dirigido ou impelido pelo Espírito Santo ao deserto, fui impelido a entrar no meu deserto no Texas: uma escola pública para crianças com alto grau de deficiência. Foi um dos lugares mais trágicos em que já estive. Meus dias eram preenchidos com horas de sofrimento de interação com crianças feridas e despedaçadas num ambiente cheio dos odores mais podres que você pode imaginar. As crianças com quem eu trabalhava não tinham controle nenhum de seu esfíncter. Muitas vezes elas lambuzavam de fezes elas mesmas, as portas e até a mim. Com frequência, eu questionava: "Senhor, és tu? Realmente me dirigiste até aqui?".

Logo compreendi que o Senhor me havia levado até lá pela sua soberania para me ensinar sobre ele mesmo. Aquele lugar em Lubbock, Texas, foi a minha escola particular do Espírito Santo. Na verdade, a maioria dos princípios-chave que uso hoje no meu ministério aprendi naquele lugar.

Havia ali centenas de criancinhas, e a maioria delas basicamente "rejeitadas" ou descartadas pelos próprios pais. Embora, oficialmente, fossem "guardadas pelo Estado", na verdade, eram pedacinhos de humanos feridos que ninguém queria ou reivindicava. O Senhor me disse: "Minha palavra diz: 'ainda que te abandonem pai e mãe, eu te acolherei'. Quero que você vá e ame esses pequeninos e seja meu embaixador do amor."[1] Então, eu fui.

Nas primeiras nove horas, eu trabalhava com as crianças do ambulatório, que podiam andar. Depois, ia para a ala daquelas que não eram capazes de andar, trabalhar com os bebês deficientes mentais. Muitas de suas mães eram dependentes químicas de heroína e outros chegaram lá depois de terem sido brutalmente atacados e feridos por pais alcoólatras em uma crise de raiva ou em delírio alcoólico. Esses bebês ficavam em pequenos berços até serem grandes demais para permanecerem ali. Eu pegava aqueles bebês em meus braços, abraçava-os e gentilmente embalava-os em uma cadeira de balanço, enquanto orava em línguas (minha língua de oração do Espírito). Eu sabia que Jesus os amava e sabia que tinha de amá-los também. Era como se Jesus tivesse partido seu coração e colocado um pedacinho dele em mim. Eu verdadeiramente amava aqueles pequeninos.

O SENHOR COMEÇOU A CURÁ-LOS

De repente, descobri que esses pequeninos, que supostamente nunca deveriam andar, estavam andando. Uma garotinha que tinha uma ficha médica confirmando que nascera cega, havia começado a enxergar e responder visualmente! Todas as vezes que eu entrava em seu quarto, mesmo que não fizesse nenhum barulhinho, ela se virava, olhava para mim e estendia seus braços. É verdade — o Senhor começou a curar aquelas crianças.

Foi durante esse tempo que atribuíram a mim a chamada "força-tarefa de psicologia", a fim de que técnicas modificadoras de comportamento fossem aplicadas em algumas crianças. Essas

---

[1] Salmos 27.10

técnicas foram designadas a adolescentes selecionados de 15, 16 e 20 anos de idade para ensiná-los como amarrar seus sapatos ou ir ao banheiro sozinhos.

Nunca me esquecerei do dia em que me encontrei com um garoto de 16 anos, a quem chamarei de "Stevie".[2] Stevie era portador de Síndrome de Down, uma moderada a grave forma de retardo mental frequentemente caracterizada pela redução da capacidade mental e determinadas deformidades físicas. Stevie fora afligido com algo ainda pior. Ele se automutilava, gritava e constantemente batia no próprio rosto.

O conselho de psicólogos da escola havia conseguido permissão das autoridades responsáveis de Austin, Texas, para aplicar uma terapia de choques elétricos em Stevie durante um período de seis meses. Esse "condicionador de operação negativa", como era chamado, tinha o objetivo de modificar o comportamento de Stevie por meio da aplicação de choques elétricos no instante em que ele agredisse a si mesmo. Eles fizeram um gráfico do seu comportamento durante aquele período, e eu pude ver o resultado. Stevie ficou cada vez pior, em vez de melhorar. Na época em que eu estava lá, seu rosto era semelhante à pele seca de um jacaré, porque continuamente se batia.

Finalmente, os enfermeiros amarraram as mãos de Stevie em talas de madeira e, dessa maneira, ele não conseguia mais dobrar seus braços e alcançar a face. O único problema foi que as outras crianças de seu dormitório inventaram uma brincadeira quando descobriram que Stevie tinha as mãos amarradas ao lado do corpo. Elas corriam por detrás de Stevie e o empurravam com tanta força que ele perdia o equilíbrio e caía. Como Stevie não podia mais instintivamente proteger seu rosto com as mãos na queda, por seus braços estarem presos à tala, todas as vezes que as crianças

---

[2] Como padrão ético, a fim de preservar a privacidade das pessoas com quem trabalhei, mudei o nome desse jovem.

faziam a brincadeira, ele caía de cara no chão sem nenhuma chance de proteger seu rosto ou suavizar a queda.

UMA RESPOSTA PARA STEVIE?

A maior parte do tempo o encontrávamos com o nariz, lábios ou boca sangrando. Todas as vezes que eu ia até lá, Stevie podia sentir o amor de Deus por meu intermédio; então ele colocava a cabeça no meu ombro e chorava.

Até que eu disse: "Deus, o Senhor me disse que havia me enviado aqui para amar essas crianças. Qual é a resposta para o Stevie?".

Muito claramente ouvi a voz do Espírito Santo dizer: "Essa espécie só sai pela oração e pelo jejum". Embora isso seja muito familiar a você, soou totalmente estranho para mim. Estudei e me graduei numa universidade teológica, mas nem mesmo sabia que o Espírito estava citando para mim uma passagem das Escrituras — Mateus 17.21!

Outra coisa que não aprendi durante meus quatro anos de seminário foi a questão do jejum. Eu dizia: "Jejuar não significa privar-se de comida e água?". Então, eu não comia e nem bebia nada. Não percebia que, quando o jejum incluía comida, eu sonhava com frango frito, batatinha e bife. Também não atinava para o fato de que quando você jejua de água, suas prioridades mudam. No terceiro dia do meu jejum de água, comecei a ficar com inveja todas as vezes que ouvia o barulho de alguém lavando a mão na pia do banheiro! Certa vez, uma pessoa saiu do banheiro e eu disse: "Sabe de uma coisa? Você poderia estar *bebendo* aquela água!". Ela respondeu: "O quê?". Eu apressadamente disse: "Não é nada não, esquece".

AGORA ORE PELO STEVIE

No quarto dia, o Senhor falou comigo: "Você pode beber água", e comecei a tomar água. Mas ainda mantive o jejum até o décimo quarto dia e o Senhor me disse: "Agora, ore pelo Stevie".

Quando cheguei para o meu turno daquele dia na escola, levei Stevie para meu pequeno escritório, um cubículo, e disse: "Stevie, sei que talvez não entenda o que estou dizendo, mas seu espírito é eterno. Gostaria de lhe dizer que sou um servo do Senhor Jesus Cristo. Estou aqui para pregar as boas-novas para você. Queria que você soubesse que Jesus Cristo veio para libertar os cativos".

Então, eu disse: "Em nome de Jesus, espírito maligno da mutilação, saia em nome de Jesus". De repente o corpo de Stevie foi arremessado a aproximadamente 2,5 metros de altura, depois caiu no chão e ele deu um grande suspiro. Imediatamente senti um cheiro forte de ovo podre e de enxofre queimado, que aos poucos foi desaparecendo da sala.

Rapidamente, corri na direção de Stevie, carreguei-o nos meus braços e retirei as talas de madeira enquanto ele me olhava com aqueles olhos enormes. Então Stevie começou a dobrar seus braços e sentir suavemente seu rosto. Eu o olhei gentilmente tocar seus olhos, nariz e ouvidos; então ele começou a chorar até soluçar. Ele percebeu que, pela primeira vez, não estava sendo levado a bater em si mesmo. Suavemente tocava seu rosto, e estava liberto! Naquele momento inesquecível, o Senhor me revelou uma arma poderosa que ele nos deu para destruir os laços fortes da prisão e para libertar os cativos. Em poucos meses, todas as cicatrizes desapareceram do rosto de Stevie. Ele começara a curar-se porque não batia mais em si mesmo.

Sinceramente, você está lendo este livro por causa de Stevie; sou grato a Deus por esse jovem e pela maneira com que o Senhor usou a minha compaixão nessa situação desesperadora para me poder comunicar a verdade divina que ele gostaria de comunicar também a você.

AQUELE QUE BUSCA A VERDADE

O milagre que nos une nas páginas deste livro na verdade começa muito antes, aos meus 16 anos, no Quênia, no leste africano, em 1962. Fui criado num devoto lar hindu e meu destino já estava estabelecido de acordo com a tradição ocidental indiana: como filho de hindu de uma alta casta militar, eu estava sendo treinado para tornar-me líder na comunidade hindu e era bem versado nos escritos sagrados do hinduísmo.

Desde a infância, fui ensinado sobre um dos princípios centrais: "Você deve ser pesquisador da verdade". E eu, de forma obediente, buscava a verdade. Meus pais eram indianos, embora eu tenha nascido e sido criado no Quênia. Ganhei vários prêmios e, apesar de meu pai ter morrido quando eu tinha cinco anos de idade, ainda fazia parte de uma classe privilegiada e de uma alta casta de guerreiros hindus.

Minha busca diligente pela verdade repentinamente tomou uma nova direção num dia quente de 1962, quando a esposa de um missionário batista veio até nosso bairro trabalhar com crianças. Por razões que apenas Deus conhece, essa pequena senhora do oeste texano foi levada a bater à porta de uma casa, em que uma família hindu vivia, e pediu um copo de água. Era eu quem estava ali e fui eu quem a atendeu. Dei-lhe um copo de água e ela me deu uma Bíblia. (Nenhum de nós sequer imaginava que, naquele momento, a simples troca de um copo de água por uma Bíblia resultaria na conversão de mais de um milhão de pessoas para Jesus Cristo nos anos seguintes. Às vezes, até as nossas obras mais insignificantes de obediência são destinadas a propósitos muito maiores do que podemos imaginar!)

Comecei a ler a Bíblia porque, naturalmente, buscava a verdade. Foi dessa maneira que conheci a estranha figura sobre quem eu lia. Seu nome era Jesus Cristo. Como pesquisador da verdade, a incrível declaração desse homem santo me cativou: "E conhecerão a verdade, e a verdade os libertará".[3] Eu disse: "Sim, é isso mesmo!", e li mais atentamente o livro de João.

[3] João 8.32

Quando li a passagem em que Jesus disse, em João 14.6: "Eu sou o caminho, a verdade e a vida. Ninguém vem ao Pai, a não ser por mim", caíram as escamas que cegavam os olhos deste hindu compromissado com a casta de guerreiros, orgulhoso dessas tradições. Eu buscava a verdade e, de repente, vi que Jesus Cristo era e é a Verdade. Mas, mesmo assim, não recebi Jesus como Senhor e Salvador imediatamente.

O PREÇO ERA ALTO DEMAIS

Apesar do que lera na Bíblia, fiquei questionando se deveria me tornar um cristão por causa do preço que deveria ser pago, pois ele me parecia alto demais. Se eu ousasse confessar Cristo, seria rejeitado pela minha família, inclusive pela minha mãe, irmãos e irmãs, além de perder todo o *status* que tinha no mundo hindu. Na verdade, eu seria o primeiro de minha casta a se voltar contra a fé hindu. Finalmente, disse: "Não vou ler mais a Bíblia. Não vou mais pensar em Jesus".

De repente, dormi. Não tinha batido a cabeça e nem fui hipnotizado. Era algo fora do comum. De repente, minha cabeça caiu sobre a mesa e instantaneamente fui levado a um lugar onde nunca estivera antes. Caminhava em ruas de ouro e ouvia as mais belas vozes entoando harmonias, hinos que nunca escutara. Vi cores que nunca tinha visto antes. Eu estava num perfeito êxtase (o que significa muito no hinduísmo).

Tudo ao meu redor era perfeito. Mas, de repente, tudo perdeu o brilho quando vi a Fonte da perfeição vindo em minha direção. Vi uma luz mais brilhante do que dez mil sóis juntos, e mesmo assim essa luz não feria meus olhos. Ele veio em minha direção e, de algum modo, eu sabia que era Jesus em pessoa. Nunca me esquecerei de seus olhos. Quando olhei no fundo deles, era como se ele tivesse sentido toda a dor do mundo e derramado toda a lágrima que já tivesse sido vertida na Terra. Resplandecia dos seus olhos um amor puro, perfeitamente combinado com vitória e triunfo. Então, ele se aproximou e colocou suas mãos sobre meus ombros e disse: "Meu filhinho [...]".

De repente, acordei e descobri que a Bíblia que havia recebido da pequena senhora batista estava aberta no evangelho de Mateus, na passagem em que Jesus falou ao jovem rico:

> Jesus respondeu: "Se você quer ser perfeito, vá, venda os seus bens e dê o dinheiro aos pobres, e você terá um tesouro nos céus. Depois, venha e siga-me". Ouvindo isso, o jovem afastou-se triste, porque tinha muitas riquezas. Então Jesus disse aos discípulos: "Digo-lhes a verdade: Dificilmente um rico entrará no Reino dos céus" (Mateus 19.21-23).

Li a passagem e percebi que o jovem rico que veio até o Senhor acabou desistindo por achar que o preço a ser pago seria alto demais. Então o Senhor falou ao meu coração: "Você vai tomar o mesmo caminho?". Eu respondi: "Não, Senhor". E imediatamente aceitei o Senhor Jesus como meu Salvador, quebrando muitas gerações de rígida tradição familiar e devoção ao hinduísmo.

Cheguei mais perto da minha experiência com o Stevie quando mudei do leste africano para os Estados Unidos e frequentei a escola bíblica numa universidade cristã. Estudei e formei-me lá. Tenho de confessar que tinha orgulho da minha inteligência. Minha intenção era obter meu Ph.D em literatura e ser um "intelectual". Eu estava conseguindo complicar as coisas simples.

Em meio à minha busca diligente de realização intelectual e de autoestima por meio dos meus estudos, recebi a notícia de que minha mãe estava morrendo de um câncer terminal nos ossos que consumia todo o seu corpo, em Londres, para onde minha família mudou-se quando saiu da África. Os médicos de minha mãe disseram que ela morreria em apenas poucas semanas porque o tipo de câncer que ela tinha nos ossos, e que estava tomando todo o seu corpo, aumentava rapidamente e era intratável.

CHEGUEI AO FUNDO DO POÇO

Eu não tinha respostas para mim ou para minha mãe, mas ela estava morrendo e pedindo que eu fosse até lá. Eu era apenas um pobre aluno que se estava formando no Texas e não tinha dinheiro para ir à Inglaterra. Isso acabava comigo. Havia chegado ao fundo do poço e tudo o que podia fazer era chorar incontrolavelmente. Finalmente, na terceira noite, depois de três dias de choro e tristeza, tive uma experiência incomum.

Novamente dormi e fui levado ao mesmo lugar em que havia estado anos antes, quando vi as ruas de ouro. Dessa vez, eu estava num gramado, ajoelhado aos pés de Jesus; olhava em sua face com minhas mãos estendidas e cantava para ele. Jesus colocou suas mãos nos meus ombros e fiquei surpreso ao perceber que estava cantando para ele numa língua inteligível. Então acordei, sabendo que alguma coisa tinha acontecido. Quando senti o desejo de orar, obedeci e disse: "Jesus". Naquele momento, um vento entrou no meu quarto e deixou-me sem ar. Então senti algo queimando dentro de mim. Quando tentei abrir minha boca, de repente, comecei a cantar uma música em outra língua que eu não conseguia entender! Meu lado intelectual dizia: "Isso é estranho", porém o resto do meu corpo dizia: "Isso até pode ser estranho, mas é a coisa mais maravilhosa que já senti!".

Continuei a cantar nessa língua estranha por mais uma hora e meia. A única pessoa espiritual que eu conhecia naquela época era uma freira católica que conhecera na universidade. Eu mal podia esperar para conversar com alguém sobre o que havia me acontecido, então corri para encontrar a irmã Marsha. Eu disse: "Irmã Marsha, deixe-me contar o que aconteceu comigo hoje".

Depois de contar-lhe minha experiência, perguntei: "Estou ficando louco?". Nunca me esquecerei de sua resposta. Ela colocou seus livros sobre a mesa, olhou para mim com alegria e disse: "Louve ao Senhor, irmão. Você foi batizado com o Espírito Santo".

O Espírito Santo tornou-se muito real para mim daquele dia em diante. Ele começou a falar comigo e rapidamente percebi que ele é uma *pessoa*. Ele começou a me falar sobre Jesus. Ele disse: "Jesus Cristo é o mesmo, ontem, hoje e para sempre". Eu ainda não havia lido essas palavras em Hebreus 13.8, então eu disse: "Como assim?". Ele respondeu: "Jesus é o mesmo ontem, hoje e para sempre".

ORE PELA SUA MÃE!

Dessa vez eu disse: "Sim". Outra vez ele falou: "Jesus Cristo é o mesmo, ontem, hoje e para sempre". Finalmente, eu disse: "Senhor, o que está tentando me dizer?". Ele respondeu: "Jesus curava há dois mil anos. Ele ainda cura hoje". Quando perguntei: "O que o Senhor quer dizer com isso?". Ele disse: "Ore por sua mãe!".

Já que eu não sabia de nada (não havia sido ensinado que a cura não era para hoje), orei por ela como Deus havia me dito. Poucos dias depois, recebi a notícia de que minha mãe havia sido completamente curada de sua doença terminal. Minha mãe viveu mais 24 anos depois daquela cura e recebeu Jesus Cristo antes de falecer.

Quando recebi o batismo do Espírito Santo, ele começou a me *guiar*.[4] Isso foi quando ele me levou para Lubbock, Texas, onde conheci Stevie e muitas outras crianças preciosas que tinham uma grande necessidade do amor e poder de Deus. A verdade sobre o jejum que aprendi ali se tornou uma palavra viva para mim desde aquele dia. Em 1971, comecei a fazer jejuns de um

---

[4] De acordo com Romanos 8.14 isso deveria acontecer com você também.

dia. Em 1972, comecei a fazer jejuns de três dias por diversas semanas e depois fiz alguns jejuns de sete e catorze dias. Em 1973, fiz vários jejuns de sete, catorze e vinte e um dias, conforme a instrução do Senhor. Durante essa época, o Senhor estava me ensinando "o ritmo cadenciado da graça", que acontece quando nos submetemos completamente à sua liderança. Jejuar é uma capacitação significativa que aumenta os efeitos de "descansar" no Senhor.[5] Não deveria ser um jugo pesado. Ao entrar nessa jornada, encorajo você a encontrar a "cadência da graça" equilibrada com a humildade de sua alma, sabedoria e obediência. Se você estiver grávida, amamentando ou passando por um tratamento médico, recomendo que consulte seu médico antes de começar a jejuar.

AGORA FAÇA DOIS JEJUNS DE QUARENTA DIAS!

Em 1974, estava pastoreando uma igreja em Levelland, Texas, quando o Senhor falou comigo: "Comece a fazer jejuns de quarenta dias". Fiz um jejum de quarenta dias e, na maior parte do tempo, encontrei graça. No ano seguinte, novamente, fui levado a fazer um jejum de quarenta dias e diversos jejuns de catorze e vinte e um dias. Bonnie e eu nos casamos em 1976, e foi nesse ano que o Senhor me disse: "Agora comece a fazer dois jejuns de quarenta dias". Depois disso, por muitos anos fiz *dois* jejuns de quarenta dias por ano e, no mínimo, dois jejuns de vinte e um dias.

Segui esse padrão de dois jejuns de quarenta dias por ano até 1988, com jejuns adicionais de duração diferente conforme a direção do Espírito Santo. Em 1989, fui levado a fazer apenas um jejum de quarenta dias. No total, fui levado pelo Espírito Santo a fazer 30 jejuns de quarenta dias separadamente. Nos

---

[5] "Venham a mim, todos os que estão cansados e sobrecarregados, e eu lhes darei descanso. Tomem sobre vocês o meu jugo e aprendam de mim, pois sou manso e humilde de coração, e vocês encontrarão descanso para as suas almas. Pois o meu jugo é suave e o meu fardo é leve" (Mateus 11.28-30).

primeiros 19 jejuns, eu me permitia apenas beber água. Depois, o Senhor permitiu que eu começasse a tomar sucos. No total, durante aquele período fundamental da minha vida e ministério, jejuei cento e vinte dias por ano.

Eu não entendia totalmente o que o Senhor estava fazendo naqueles anos, mas sabia que eu amava a Jesus. Também sabia que ele tinha me pedido para jejuar e orar por seu povo a quem ele amava. Tudo o que eu queria fazer era obedecer. Aqueles que me conheciam ou eram de alguma forma ligados proximamente a mim, por eu ser pastor ou líder na época, sabiam dos jejuns, mas por mais de dez anos o Senhor não permitiu que eu anunciasse publicamente nem explicasse ou ensinasse sobre o jejum em reuniões públicas. Durante aqueles anos, o Senhor estava estabelecendo um fundamento profundo. Estava fazendo algo secreto que apenas recentemente foi aberto, conforme ordens do Senhor, e esse parece ser, em muitos casos, o modo de ser dos jejuns.

O Senhor deseja nos arrastar para o lugar íntimo do jejum, em que ele pode desenvolver nossa vida interior quando ainda estamos engajados na vida da comunidade.

NEM TODAS AS PESSOAS ENTENDERAM

Rapidamente descobri que nem todas as pessoas compreendiam ou aceitavam o que eu estava fazendo. Havia algumas que me acusavam de fanático; outras simplesmente pensavam que eu estava sendo religioso demais. Meus piores críticos pensavam que eu era moralista. E tenho de admitir que a crítica e a falta de compreensão doíam naquela época. Às vezes, é inevitável que a obediência a esses imperativos divinos crie oposição — mesmo entre os irmãos. A maior parte do tempo é porque o inimigo da nossa alma não mede esforços para se opor a qualquer atividade que ameace seriamente seu reino das trevas. Quando você está numa luta espiritual por meio da oração, louvor, adoração, intercessão e jejum, o inimigo virá para levantar impedimentos sobrenaturais e colocar obstáculos em seu caminho.

Nos anos e décadas que se passaram desde que Deus me revelou o poder secreto do jejum na ocasião da libertação do jovem Stevie, aquela revelação tornou-se uma palavra viva e uma pedra fundamental na minha vida e ministério em Cristo. Hoje compreendo que Deus me deu um mandamento para ajudar a restaurar essa verdade sobre o jejum na sua Igreja do final dos tempos. O jejum é um aspecto extremamente importante para o estilo de vida da igreja neotestamentária do final dos tempos. Deus pediu que eu fizesse 30 jejuns de quarenta dias por causa da verdade fundamental: *você não pode comunicar algo que não tenha feito.* Se você viver o que fala, poderá compartilhar.

O Senhor ainda me disse: "Agora que eu pus diante de você essas coisas, dou-lhe autoridade para comunicar essa verdade à igreja do final dos tempos — aos homens e às mulheres que fazem a obra de Jesus Cristo". Enquanto escrevo estas palavras, sinto satisfação e realização eternas. Este livro é parte do fruto da semente plantada durante todos aqueles anos de escuridão, quando tudo que eu sabia era que estava apenas obedecendo a uma palavra do Senhor.

Talvez Deus nunca peça para você jejuar por quarenta dias; mas, se ele lhe pedir, você será capaz de fazê-lo, pela sua graça. Uma coisa é certa e indubitável: como membros em particular da Igreja de Jesus Cristo, Deus deseja que cada um de nós observe determinado número de jejuns disciplinados em nossa vida. Ele é parte indispensável da nossa vida como membros da vinha frutífera e noiva gloriosa do Senhor, e o estilo de vida do nosso maior modelo: Jesus Cristo.

2
Jesus é nosso maior modelo

Jesus mudou radicalmente a vida dos seus discípulos no dia em que lhes apareceu rapidamente após sua ressurreição, quando eles se amontoavam amedrontados atrás de portas trancadas. Ele disse: "[...] Assim como o Pai me enviou, eu os envio" (João 20.21). Gostaríamos que essa passagem fosse apenas uma gostosa leitura em vez de ser o que ela realmente é: um chamado eterno para *segui-lo* neste mundo com as boas-novas.

"[...] Assim como o Pai me enviou, eu os envio" (João 20.21). Essa é a palavra de Deus a todo discípulo que ouve sua voz. Você é seu discípulo? Quer ser seu discípulo? Então diga comigo, aí onde você está: "Como o Pai enviou Jesus, Jesus está me enviando!". Jesus é nosso maior modelo na vida, na fé e no ministério. De acordo com ele, você e eu somos chamados e ungidos a seguir suas pegadas como "enviados" ao mundo.

Às vezes, fico irritado, de certa forma, com pessoas que não têm uma visão completa do amor de Deus pelos perdidos. Você não precisa ser Deus para ler a palavra de Deus e capturar, no mínimo, um sinal da grandeza do seu amor pela humanidade decaída. Quando falamos a respeito de alcançar as nações e salvar centenas de milhões de almas em nome de Jesus, eles dizem: "Você tem mania de grandeza. Você não está sendo razoável". Entretanto, essa é a vontade de Deus. Quem poderia imaginar na época em que a palavra foi escrita que a transmissão televisiva alcançaria 800 milhões de lares por semana com a mensagem salvadora de Jesus Cristo e com a evidência do poder do Espírito Santo? Isso é apenas o começo, à medida que ele nos dá a graça para expandir a transmissão do evangelho a mais e mais nações ao redor do globo.

Tenho certeza de que teria soado mais grandioso se Jesus tivesse dito aos discípulos escondidos naquela sala trancada: "Vocês transformarão o mundo e reformarão a história — até mesmo a história do Império Romano e de outras nações gentílicas das quais nunca ouviram falar", embora isso fosse verdade. O fato é que Jesus estava enviando seus discípulos — e está enviando você e eu — exatamente como o Pai o enviou. Depois daquele encontro significativo entre o Senhor ressurreto e seus discípulos amedrontados, um exército ungido cheio do Espírito Santo moveu-se adiante. Moveu-se implacavelmente de cidade em cidade, de nação em nação, proclamando o evangelho que mudou o destino da humanidade e transformou vidas onde quer que estivessem. Esse exército está prestes a levantar-se novamente!

Jesus foi enviado para *fazer uma obra*. Ele, nosso maior modelo e guia, partilhou conosco a mesma visão, autoridade e responsabilidade! Quando você e eu recebemos as boas-novas de Jesus em nossa vida, somos transformados em formadores sobrenaturais da história. Podemos mudar o destino das nossas igrejas, cidades, nações e até mesmo de outras nações ao redor do mundo por meio da nossa obediência à visão que Jesus teve — *mas recebereis o poder de Deus*. O poder secreto de Deus também é encontrado nas palavras de comissionamento de Jesus:

> Digo-lhes a verdade: Aquele que crê em mim fará também as obras que tenho realizado. Fará coisas ainda maiores do que estas, porque eu estou indo para o Pai. E eu farei o que vocês pedirem em

meu nome, para que o Pai seja glorificado no Filho (João 14.12,13).

Jesus não limita essa declaração às pessoas que creram nele no século primeiro ou aos judeus ortodoxos. Não importa em que século você viva, a única regra para fazer as obras que ele fez é esta: você crê nele?

Louvo a Deus por Billy Graham, Charles Finney, John Wesley e Martin Luther, mas eles não são nosso maior modelo de vida e ministério. Essa honra e esse nome estão reservados somente para Jesus Cristo — e eu sei que esses homens concordariam com o que estou dizendo. Se estas páginas não adiantarem para mais nada, gostaria de apontar o maior modelo para sua vida, seu chamado e seu ministério: Jesus Cristo.

ESCONDIDO DO MUNDO

Embora Jesus Cristo tivesse investido três longos anos de sua vida em treinamento e instrução dos discípulos, eles ficaram desanimados quando Jesus deu sua vida na cruz. Enterraram seu líder e fizeram de tudo para sumir da vista de todos. O problema deles foi não entender o que realmente estava acontecendo na esfera espiritual. Eles nem imaginavam que haviam sido destinados a um papel sobrenatural no estabelecimento da Igreja sobrenatural. Seu Mestre ainda não terminara de lhes ensinar. "Ao cair da tarde daquele primeiro dia da semana, estando os discípulos reunidos a portas trancadas, por medo dos judeus, Jesus entrou, pôs-se no meio deles e disse: 'Paz seja com vocês!' " (João 20.19).

Não deveríamos julgar os discípulos de Jesus tão severamente por se fecharem para o mundo exterior. *Estamos no mesmo lugar hoje!* A igreja moderna, a maior parte dela, tem se escondido do mundo ferido e falido, seguindo um velho padrão secular de isolamento. Por quê? Creio que porque temos o suficiente da vida de Deus em nós para sobreviver e manter nosso estilo de vida, mas não o suficiente para ousar corajosamente em direção ao mundo como ministros aos aflitos (como Jesus).

Os primeiros discípulos retomaram seu "estilo de vida de sobrevivência" depois que Jesus desapareceu, por subestimarem o poder de Deus e a plenitude de seu plano. Pensaram: "Eles mataram nosso mestre; eles também nos matarão", porque tinham uma perspectiva errada de quem Jesus era. Olharam para ele como um homem que morreu em vez de olhá-lo como Deus-homem que ressuscitaria novamente; então, naturalmente, não conseguiram compreender quem eram ou qual seu destino em Cristo. Ninguém imaginava como Deus pretendia transformar a história do mundo por intermédio de um pequeno grupo de homens medrosos que se escondiam atrás de portas trancadas.

Nos "bons tempos", as pessoas daquela sala já tinham provado uma porção da autoridade de Cristo quando ele as enviou para curar e expulsar demônios. Entretanto, eles não se sentiram fortes ou com autoridade naquele dia em Jerusalém, quando o Jesus ressurreto caminhou no meio da sua reunião secreta e virou o mundo deles de cabeça para baixo.

OUVIMOS SUA PREGAÇÃO!

Há muitos anos, eu executava um projeto evangelístico na Costa Rica e estávamos vendo alguns milagres maravilhosos acontecerem nas reuniões enquanto o Espírito Santo confirmava a Palavra pregada. E era ainda melhor porque as reuniões estavam sendo transmitidas para toda a Nicarágua, Panamá e Costa Rica. No terceiro dia do projeto, Bonnie e os nossos dois filhos mais velhos voaram para lá. Quando chegaram ao aeroporto, o meu sermão estava sendo transmitido pelo rádio em todo o sistema de som do aeroporto. A primeira coisa que ouviram ao aterrissar foi minha pregação.

Nunca me esquecerei do momento em que meu filho correu para mim naquele dia, com seu rosto radiante e cheio de alegria e orgulho, e disse: "Papai, quando chegamos ao aeroporto ouvimos sua pregação!". Fui abençoado ao ver meu filho entusiasmado pelas almas. Ele sempre teve um coração sensível a missões e até hoje coloco minhas mãos sobre Ben e faço uma oração que ecoa o coração de Jesus em nossa direção: "Jesus, se o Senhor não voltar, oro para que Ben *veja coisas maiores* e *faça coisas maiores* do que aquelas que eu já fiz". Assim é o coração de mães e pais que amam, não é mesmo? O pai sempre deseja a porção dobrada para seus filhos e filhas. Nunca diria aos meus filhos: "Não faça melhor do que eu!". Não, meu coração deseja ver cada um dos meus filhos fazendo coisas melhores do que as que eu e Bonnie fizemos.

Jesus revelou o coração do nosso Pai Celestial quando disse: "[...] Fará coisas ainda maiores do que estas, porque eu estou indo para o Pai" (João 14.12). Esse é o incentivo, a visão celestial, a Palavra em boa hora do Senhor para a nossa geração! Se estamos nos aproximando do final dos tempos e da vinda do Senhor, então essa Palavra deve ser cumprida rapidamente. Se Jesus voltar logo, essa promessa divina deve ser cumprida primeiro. Estou confessando que verei "obras maiores" nesta geração!

QUAIS SÃO AS "OBRAS" DE JESUS?

Já que Jesus é o nosso modelo, já que recebemos uma ordem para fazer as mesmas obras que ele e até mesmo excedê-las, precisamos olhar para essas obras para aprender o que nos está reservado no futuro. O quarto capítulo do evangelho de Lucas revela a primeira obra de Jesus: Ele é cheio da unção do Espírito Santo. "Jesus, cheio do Espírito Santo, voltou do Jordão e foi levado pelo Espírito ao deserto, onde, durante quarenta dias, foi tentado pelo Diabo. Não comeu nada durante esses dias e, ao fim deles, teve fome" (Lucas 4.1-2).

A Bíblia diz que Jesus estava com fome, mas não diz nada sobre sede. Em outras palavras, Jesus jejuou quarenta dias, bebendo somente água. É importante que você note uma frase em particular registrada na Bíblia: "[...] *cheio do Espírito Santo* [...]". Jesus estava cheio do Espírito Santo antes de ser levado ao deserto pelo Espírito. Além disso, ele jejuou quarenta dias sendo tentado. Finalmente, ele conclui sua temporada no deserto com uma confrontação com o Diabo, que está registrada em Lucas capítulo 4 e em outras passagens.

Satanás tentou Jesus com três grandes tentações que sempre usou com os homens:

1. Primeiro ele questionou a identidade do Senhor como Filho de Deus e o tentou a usar seu poder para propósitos egoístas ao querer que ele transformasse pedra em pão para satisfazer sua fome.

2. Depois o Diabo tentou o Senhor para apossar-se da autoridade e glória de todos os reinos da terra — ou tomar um atalho demoníaco para o "topo" — se ele o adorasse.

3. Finalmente, o Diabo questionou novamente a identidade do Senhor e usou a citação da Escritura fora de contexto para instigá-lo a lançar sua vida abaixo e confiar nos anjos para o salvar — novamente com propósitos egoístas de "provar algo". Jesus sempre derrotou o tentador usando a Palavra de Deus, dizendo: "Está escrito [...]".

Essas três tentações novamente vieram à tona durante os três anos do ministério de Jesus entre os homens. Ele foi desafiado a convocar anjos salvadores quando estava na cruz para provar quem era — um ato que teria abortado sua missão de redenção. Também foi tentado pela multidão para apoderar-se do trono e transformar-se no salvador político de Israel em vez de ser o Redentor espiritual. Finalmente, o desafio simulado de Jesus para convocar anjos quando estava na cruz também foi uma repetição da terceira tentação de Satanás de lançar abaixo a vida de Jesus e *confiar que os anjos a salvariam.* Jesus desejava sacrificar sua vida, mas não por si mesmo. Ele recusou ser salvo da morte — pretendia consumi-la e destruí-la para sempre, em obediência perfeita à vontade do Pai.

O SEGREDO DO SEU PODER

Como Jesus pôde fazer tais coisas e realizar os milagres incríveis que vemos nos quatro Evangelhos? O segredo de seu poder está em Lucas 4.14: "Jesus voltou para a Galileia *no poder do Espírito*, e por toda aquela região se espalhou a sua fama".

Observe atentamente a diferença dos versos 1 e 14 de Lucas capítulo 4: antes da tentação no deserto, a Bíblia diz que Jesus *estava cheio do Espírito*. Essa é uma coisa boa, mas atente para o verso 14. No final da tentação no deserto e de quarenta dias de jejum, Jesus havia derrotado Satanás completamente e saiu dessa experiência *no poder do Espírito*! Ele foi levado pelo Espírito Santo para o deserto para ser testado. Quando obedeceu, sob a unção do Santo Espírito, tornou-se capacitado para derrotar as fortalezas satânicas. Há, então, uma nítida diferença entre *ser cheio* do Espírito e operar no *poder* do Espírito! Lembre-se de que Cristo estava cheio de Deus e cheio de humanidade. Seu exemplo de jejum nos dá uma percepção clara de como lidar com os obstáculos tanto da carne como do espírito. Precisamos transformar o segredo do poder de Jesus no segredo do *nosso poder* porque ele é, afinal de contas, nosso modelo maior.

Esse é o mesmo poder que descobri na experiência do meu deserto enquanto trabalhava com Stevie e as outras crianças em Lubbock, Texas. É o lugar para onde Deus quer que todos nos movamos. Muitos de nós funcionam no nível do ser cheio do Espírito, e eu piamente creio que o estar cheio do Espírito é maravilhoso, mas é apenas o primeiro estágio de progressão depois da salvação. Precisamos prosseguir.

VÁ ALÉM DO ENCHIMENTO DO ESPÍRITO, ALCANÇANDO O PODER DO ESPÍRITO SANTO

Jesus Cristo nos mostrou o caminho e pessoalmente o exemplificou para nós. Ser cheio do Espírito não o deixa pronto para mover-se em direção à plenitude do seu chamado em poder.

Precisamos nos submeter à disciplina do Espírito Santo; e, durante esse período, Deus nos disciplinará nas obras essenciais da oração, do jejum e na habilidade de usar sua Palavra como arma. *Então,* seguiremos adiante no *poder* do Espírito para fazer a vontade de Deus.

Há séculos temos nos especializado na Palavra de Deus e aprendido algumas coisas pelo caminho. Hoje estamos apenas começando a dar passos em direção à obediência no que tange à disciplina da oração. O jejum, porém, continua sendo um mistério que raramente é praticado na igreja moderna. É nele que encontramos a chave principal de ir além do enchimento do Espírito para atingir o *poder* do Espírito.

Jesus completou esse processo em apenas quarenta dias, mas é provável que eu e você demoremos muito mais tempo. O ponto importante é começar. Os discípulos ficaram três anos com Jesus, e durante esse tempo foram discipulados sob a unção de Jesus Cristo. Mas foi apenas depois do deserto da crucificação e do tempo de jejum e oração na sala da ceia que eles foram pressionados e receberam tanto o enchimento do Santo Espírito quanto o *dunamis*, ou "poder" do Espírito, para corajosamente proclamar o evangelho em face da oposição.

Quero que você perceba que o jejum ajuda a liberar o poder do Espírito em nossa vida. Ele necessariamente não o ajuda a "ganhar" mais graça diante de Deus, mas facilita o fluir mais livre do Santo Espírito por seu intermédio, dissolvendo e removendo todo o lixo de sua vida.

Se você se entregar ao Senhor com uma vida comprometida de oração e jejum, sua unção dele começará a fluir por seu intermédio em forma de um poder cada vez maior. Essas são as "primeiras obras" que somos chamados a fazer se quisermos realizar as obras de Jesus Cristo. O início ou as primeiras obras de Jesus antes de ele entrar no ministério no *poder* do Espírito foi o jejum e a batalha espiritual em oração e na Palavra.

Não acredito em acaso no Reino. Não é por acaso que você está lendo este livro. Creio que você foi trazido até este ponto pelo Espírito Santo porque você é uma das pessoas que ele escolheu para servi-lo no seu exército do final dos tempos — você foi chamado e ungido *para fazer as obras de Jesus Cristo,* e ainda fazer obras *maiores!*

Você não tem de fazer jejuns longos demais, de forma dramática, para obter os benefícios do jejum e da batalha espiritual. O ponto principal não é a extensão do jejum, mas sua submissão à sua liderança. Percebi que Deus sempre levanta determinados homens e mulheres para experimentar certas verdades ao extremo, para que possam falar e ministrar a outros com autoridade comprovada. Foi isso o que aconteceu comigo. Deus me libertou para ministrar com autoridade a respeito do jejum e oração, mas somente depois de ter passado silenciosamente por muitos e longos jejuns durante duas décadas e com certo custo para mim e para minha família. Deus não está interessado em ensinar "teoria", mas sim em comunicar verdades espirituais fundamentadas em uma *experiência pessoal sólida e em uma aplicação* da sua Palavra. Deus nos dá pessoas como exemplo para nos estimular a pressioná-lo em determinadas áreas de importância do seu plano e propósitos para a nossa vida. Ele deseja que você esteja à altura do propósito estabelecido para sua vida.

A diferença entre *unção* do Espírito e *poder* do Espírito é muito bem ilustrada no acontecimento descrito no capítulo 17 do evangelho de Mateus, depois da transfiguração de Jesus no monte:

> Quando chegaram onde estava a multidão, um homem aproximou-se de Jesus, ajoelhou-se diante dele e disse: "Senhor, tem misericórdia do meu filho. Ele tem ataques e está sofrendo muito. Muitas vezes cai no fogo ou na água. Eu o trouxe

aos teus discípulos, mas eles não puderam curá-lo". Respondeu Jesus: "Ó geração incrédula e perversa, até quando estarei com vocês? Até quando terei que suportá-los? Tragam-me o menino". Jesus repreendeu o demônio; este saiu do menino que, daquele momento em diante, ficou curado. Então os discípulos aproximaram-se de Jesus em particular e perguntaram: "Por que não conseguimos expulsá-lo?" Ele respondeu: "Porque a fé que vocês têm é pequena. Eu lhes asseguro que se vocês tiverem fé do tamanho de um grão de mostarda, poderão dizer a este monte: 'Vá daqui para lá', e ele irá. Nada lhes será impossível. Mas esta espécie só sai pela oração e pelo jejum" (Mateus 17.14-21).

Jesus foi severo com seus discípulos porque já lhes tinha dado sua autoridade (ou *unção)* quando os delegou embaixadores de seu Reino, em Mateus capítulo 10. Ele disse: "Curem os enfermos, ressuscitem os mortos, purifiquem os leprosos, expulsem os demônios. Vocês receberam de graça; deem também de graça" (Mateus 10.8).

Os discípulos tiveram sucesso durante uma longa jornada ministerial, mas, de repente, fracassaram em Mateus 17 quando depararam com um espírito maligno que se recusava a submeter-se à autoridade deles. Quando o "caldo entornou" nessa terrível batalha espiritual, os discípulos oraram pelo menino, mas foram completamente derrotados porque não tinham o poder para vencer o demônio que controlava a criança. Algo os impedia. Alguma força ou poder estava impedindo a cura. Havia uma opressão horrível naquele menino que tinha *minado e depreciado totalmente a unção* dos discípulos do Senhor. A credibilidade do seu ministério havia sido comprometida até Jesus entrar em cena. O que aconteceu? O pai do menino disse que seu filho estava sendo afligido por epilepsia, mas em nenhum momento Jesus curou o menino. Ele expulsou o demônio que causava a aflição.[1]

Quando Jesus ficou sozinho com os discípulos, ele lhes deu uma das mais importantes lições que os cristãos devem aprender para obter vitória contra os maiores obstáculos que o inimigo coloca em nossa vida, ministério e chamado. Essa lição só pode ser concebida e recebida na esfera espiritual porque nossa vitória está na esfera do Espírito. De acordo com o apóstolo Paulo, Deus nos deu armas poderosas para "destruir fortalezas":

> Pois, embora vivamos como homens, não lutamos segundo os padrões humanos. As armas com as quais lutamos não são humanas; ao contrário, são poderosas em Deus para destruir fortalezas. Destruímos argumentos e toda pretensão que se levanta contra o conhecimento de Deus, e levamos cativo todo pensamento, para torná-lo obediente a Cristo. E estaremos prontos para punir todo ato de desobediência, uma vez estando completa a obediência de vocês (2Coríntios 10.3-6).

---

[1] A passagem de Mateus 17.14-21 fala de um exemplo específico em que a manifestação visível de epilepsia (assim denominada pelo pai do menino) havia sido causada pela presença de um espírito maligno. Nem todos os casos de epilepsia são causados pela presença de espíritos malignos, mas há alguns casos assim. É necessário o discernimento do Espírito Santo para saber quando orar pela cura da epilepsia (causada por um dano físico ou anormalidade na mente ou no sistema nervoso), e quando expulsar a força demoníaca que provoca tal ataque convulsivo.

Uma vez que nossas armas (portanto, nossa vitória) não se encontram na esfera natural da "carne e do sangue", nosso inimigo, o maligno, tentará com frequência nos levar para a batalha e luta natural ou carnal. A maneira mais eficiente para você e eu colocarmos nossa carne no seu devido lugar e andar no Espírito é por meio do *jejum* e *da oração*. Se o Filho de Deus orou e jejuou para ter *poder* no seu ministério, por que você acha que deveríamos fazer outras coisas?

QUANDO VOCÊ ORAR...

Jesus espera que você jejue e ore. Em Mateus 6.5-7, ele não diz: "quando você *estiver a fim de orar* [...]". Não, ele disse três vezes: "*quando orar* [...]". Não *se* você orar.

Da mesma forma Jesus não disse em Mateus 6.16-17: "se algum dia você decidir *tentar jejuar*, embora eu saiba que é quase impossível para você [...]". Não, ele disse "*quando você jejuar* [...]". Ele não nos deu a opção de não jejuar. Ele considerou o jejum uma prática tão natural da vida cristã, que disse aos discípulos e aos seus críticos que orar e jejuar faria parte de sua vida depois que ele se fosse. *Nada mudou desde que ele pronunciou essas palavras.* Se você é cristão, então, você ora. Se você é cristão, então, jejua.

Deus quer nos liberar uma unção dobrada para podermos trazer aquela palavra com autoridade de cura, libertação e restauração que os discípulos testemunharam na libertação do menino epilético. Mais tarde, os discípulos exercitaram o mesmo poder destruidor do Demônio, dado pelo Espírito Santo no livro de Atos e nas narrativas das Epístolas. Já é tempo de fazermos as *obras de Jesus* que transformam o mundo, ao vermos a devastação do mundo ao nosso redor!

No livro de Joel, o Senhor pediu que o profeta intimasse os anciãos, os adultos das cidades, as crianças, os bebês e até mesmo a noiva e o noivo que esperavam pela cerimônia do casamento a observarem um jejum solene como uma só nação diante de Deus. Por que e para quê? Eles oraram insistentemente para que a restauração viesse (veja Joel 2.15ss). Deus respondeu sua oração com uma grande promessa em relação aos últimos dias, que apenas começou a ser cumprida no Dia do Pentecostes, no livro de Atos, e está sendo manifestada como nunca em nossos dias: "E, depois disso, derramarei do meu Espírito sobre todos os povos. Os seus filhos e as suas filhas profetizarão, os velhos terão sonhos, os jovens terão visões. Até sobre os servos e as servas derramarei do meu Espírito naqueles dias" (Joel 2.28,29).

A única condição prévia para esse derramamento do Espírito Santo é que sejamos um povo que tenha a visão e que anseie pagar o preço para receber o poder por meio da oração e do jejum.

Se o Santo Espírito mexeu com você enquanto lia este capítulo, então, provavelmente, Deus está preparando você para a guerra! Ele o escolheu para *fazer as obras de Jesus* na sua geração, e elas só podem ser realizadas *no poder do Espírito*. Se você quer receber a arma sobrenatural da oração e do jejum como parte natural de seu arsenal, então diga ao Senhor agora: "Como o Senhor quiser, Jesus". Se você quer pagar o preço de orar e jejuar como algo habitual em sua vida, então você pode destruir as fortalezas, ser vitorioso em sua vida e trazer livramento e libertação aos cativos de sua geração. Sendo assim, diga ao Senhor: "Por onde o Senhor me guiar, eu seguirei".

Talvez ele o leve a jejuar uma vez por semana, um dia por semana ou simplesmente um dia a cada dois meses. O que for, comprometa-se a fazê-lo e confie no Senhor para receber a graça da obediência. Se você pastoreia uma congregação, talvez seja dirigido pelo Senhor a levar sua igreja a períodos de jejuns em grupo. É importante que você coloque sua vida diante dele hoje, e confie nele para o amanhã.

Sua resposta obediente a Deus é uma das catástrofes mais temidas e perigosas que poderia acontecer ao reino das trevas. O inimigo sabe que você pode transformar a forma e o destino de sua cidade e até mesmo de seu país ao unir-se ao exército de Deus do final dos tempos, composto por homens e mulheres comprometidos com o jejum e a oração. O Senhor me deu uma oração missionária em relação à sua obra entre os membros de seu exército cristão do final dos tempos:

"Senhor Deus, vejo seus anjos equipando esses exércitos com armas poderosas de guerra. Vejo tropas de homens e mulheres em diferentes posições, colocando suas armas em seu arsenal. Libere a unção agora, Senhor. Libere a porção dobrada do seu Espírito Santo e nos toque.

"Permita que seus filhos e filhas recebam a unção e a graça para jejuar e orar. E que a unção que eu recebi seja transmitida àquele que ler estas palavras e fizer esta oração comigo agora.

"Vejo esse exército marchando, Senhor. Estamos marchando para tomar as cidades para Jesus! Estamos marchando para levar o nome do Senhor a cada região e canto da Terra: norte e sul, leste e oeste. O exército de Deus está avançando e todo demônio deve se prostrar ao nome de Jesus quando o exército ungido vier com suas armas poderosas de guerra. Senhor Deus, nós nos comprometemos neste dia a usar fielmente essas armas. Senhor, eu oro para que os pastores e líderes do seu exército vejam que eles são os generais do exército divino. Coloque neles, Senhor Deus, a sabedoria divina de que precisam para liderar seu pelotão do exército à vitória. Obrigado pela vitória completa, Senhor Jesus."

Agora, continuaremos a descobrir os benefícios incríveis que recebemos quando obedecemos a Deus em oração e jejum.

3
Os benefícios do jejum que transforma vidas

Quase todo cristão com quem conversei tinha alguma questão e alguma ideia errada sobre o jejum. É com tristeza que afirmo que o jejum é uma das questões mais mal compreendidas na Bíblia. Conforme a Palavra de Deus, há benefícios incríveis que você recebe por meio do jejum. No livro de Isaías, estão listados doze benefícios específicos do "jejum que Deus deseja".

> "O jejum que desejo não é este: soltar as correntes da injustiça, desatar as cordas do jugo, pôr em liberdade os oprimidos e romper todo jugo? Não é partilhar sua comida com o faminto, abrigar o pobre desamparado, vestir o nu que você encontrou, e não recusar ajuda ao próximo? Aí sim, a sua luz irromperá como a alvorada, e prontamente surgirá a sua cura; a sua retidão irá adiante de você, e a glória do Senhor estará na sua retaguarda. Aí sim, você clamará ao Senhor, e ele responderá; você gritará por socorro,

e ele dirá: Aqui estou. "Se você eliminar do seu meio o jugo opressor, o dedo acusador e a falsidade do falar; se com renúncia própria você beneficiar os famintos e satisfizer o anseio dos aflitos, então a sua luz despontará nas trevas, e a sua noite será como o meio-dia. O Senhor o guiará constantemente; satisfará os seus desejos numa terra ressequida pelo sol e fortalecerá os seus ossos. Você será como um jardim bem regado, como uma fonte cujas águas nunca faltam. Seu povo reconstruirá as velhas ruínas e restaurará os alicerces antigos; você será chamado reparador de muros, restaurador de ruas e moradias (Isaías 58.6-12).

Isaías 58 é um dos melhores capítulos da Bíblia sobre a questão do jejum. Poderia escrever sobre essa passagem por diversos capítulos ou até mesmo um livro inteiro. É maravilhosa. Há doze benefícios específicos do "jejum que Deus deseja" listados nessa passagem:

1. Revelação
2. Cura e integridade
3. Justiça
4. A presença da glória *shekinah* de Deus
5. Orações respondidas
6. Direção contínua
7. Contentamento
8. Refrigério
9. Força
10. Obras que permanecem (como um fluir eterno da primavera)

11. Educação de gerações futuras

12. Restauração

Como, de fato, funciona o jejum? Não tenho todas as respostas porque esse é um dos grandes mistérios divinos, mas posso compartilhar o que aprendi até agora. Por alguma razão, os demônios não se sentem à vontade quando os cristãos começam a jejuar. Sabemos, pelas Escrituras, que muitas das doenças, indisposição, problemas mentais e problemas crônicos de comportamento que afligem a humanidade são instigados ou perpetuados por forças demoníacas que desejam estorvar o povo de Deus e atormentar sua maior criação.

Constantemente, recomendo às pessoas que estão buscando a cura do Senhor que jejuem antes de vir ao culto de cura. Aquelas que ouvem esse conselho frequentemente recebem a cura sobrenatural do Senhor muito rapidamente. Digo às pessoas: "Se seu parente vem à igreja, peça de antemão que ele jejue. Peça que beba suco ou coma uma salada". A prática de algum tipo de jejum é importante porque demonstra certo desespero e certa determinação para "tocar o Senhor", que é a única fonte de toda a cura. Os demônios não podem permanecer por muito tempo quando uma pessoa jejua, porque, para Deus, jejuar cria uma atmosfera que acolhe o santo e repele o não-santo. Por isso é que os espíritos demoníacos não se sentem à vontade ao redor de uma pessoa que jejua.

Um pastor ou um ministro que está atuando num ministério de cura ou libertação de qualquer espécie deveria tornar o jejum parte de seu estilo de vida. Ele é o equivalente espiritual de um atleta que treina em uma academia. Quando jejua, você procura a face de Deus. Então, ele começa a dar a você uma autoridade advinda da intimidade com ele que os demônios reconhecerão e temerão.

Lembro-me de, logo no início do meu ministério, ter recebido um telefonema de dois pastores pentecostais. Eles disseram:

"Irmão Mahesh, estamos com problemas. Estávamos orando por um homossexual e, de repente, ele começou a falar com uma voz estranha e dizer que gostaria de ter comunhão conosco. Sentimos o maligno aqui, e estamos com muito medo. Por favor, venha nos ajudar". "Vocês são homens de Deus", eu disse. "Vocês têm autoridade. É só expulsar o demônio dele." Entretanto, outra vez me disseram que estavam com medo. "Mas vocês são pastores", eu disse. Os homens continuaram dizendo: "Por favor, irmão Mahesh, precisamos da sua ajuda". Finalmente, concordei em ir.

Eles me ensinaram como chegar à casa onde estavam e me disseram: "Por favor, entre pela porta dos fundos". Fui até a casa e entrei pela cozinha. Ouvi um som abafado atrás de uma porta. Quando procurei o que seria aquilo, encontrei os dois pastores escondidos num armário de vassouras e perguntei: "O que estão fazendo aí?". Eles simplesmente foram em direção à parte da frente da casa e disseram: *Ele está lá!*".

No instante em que entrei na sala onde aquele jovem estava, pude sentir o poder das trevas. Um demônio havia se manifestado, e era um demônio bem forte. Eu estava em jejum, e entrei na sala. O rapaz estava em pé, como se estivesse esperando uma chance para intimidar alguém novamente. Logo que olhei para ele, percebi alguma coisa me olhando de volta, algo em seus olhos que não era ele. Uma personalidade diferente estava presente, uma personalidade maligna e demoníaca. Pude ver que aquele demônio havia se manifestado. Ele literalmente estava perturbando o jovem. Dava para perceber isso porque todo o semblante do moço havia sido transformado em uma máscara demoníaca. Ele me olhou e disse com um tom incrivelmente demoníaco: "Ah, outro homem. Entre, gostaria de ter comunhão com você". Agora era a minha vez de falar pelo poder do Espírito Santo.

"Você quer ter comunhão comigo? Você sabe o que diz a Escritura? '[...] Se, porém, andarmos na luz, como ele está na luz, temos comunhão uns com os outros, e o *sangue de Jesus*, seu Filho, nos purifica de todo pecado' ".[1]

"Agora, demônio, você consegue dizer: '*o sangue de Jesus*'?". Naquele momento, a coisa conseguia apenas rosnar. O tom arrogante desapareceu instantaneamente. "Demônio, diga 'o sangue de Jesus' agora! Vamos!".

As mãos do homem começaram a se contorcer e eu podia ouvir o estalar de seus ossos. Os tornozelos do moço começaram a se contorcer, e ele caiu no chão e começou a ter uma convulsão. Eu disse: "Pare de fazer isso! Diga, '*o sangue de Jesus*'. Diga agora!". Finalmente, ele começou a balbuciar: "o ss... ssaan...". Então parecia que o moço havia começado a regurgitar e o demônio saiu.

Voltei, anos depois, para aquela região e um homem bateu à porta do hotel em que eu me hospedava. Lembrava-me daquele rosto, mas a última vez que havia visto o homem, ele estava deitado no chão e dois ministros estavam amontoados em um armário de vassouras. Dessa vez, ele disse: "Irmão Chavda, gostaria de lhe apresentar uma pessoa". Afastou-se para o lado e pude ver uma jovem que estava com ele: "Somos casados há cinco anos, e gostaria que o senhor soubesse que, naquele dia, quando orou por mim, *fui totalmente liberto* dos desejos homossexuais". Deus seja louvado! Jesus é o maior libertador!

Outro dia, eu estava ministrando no culto da manhã de uma igreja em uma universidade, na cidade de Southwest. Havia acabado de terminar uma temporada de jejum e oração, e os cultos estavam indo muito bem, no templo de uma grande igreja. O altar era tão grande que acomodava centenas de pessoas de uma vez, e sentia que o Senhor queria abençoar *todo o público* de uma só vez. Então pedi que todos viessem ao altar. Como o Senhor derramou a sua unção sobre o povo, muitos estavam caindo ou respondendo à presença de Deus de maneiras diferentes. Bem no meio do culto, o

---

[1] 1Jõao 1.7

Espírito de Deus me impeliu a dizer: "O Senhor me diz que aqui existem doze homossexuais e lésbicas. Se levantarem as suas mãos e se arrependerem agora, o Senhor libertará cada um de vocês".

Doze mãos se levantaram instantaneamente. Oito daquelas pessoas eram lésbicas, e quando levantaram as mãos, de repente, parecia que haviam sido jogadas ao chão pelo golpe de um grande martelo! Sabia que o Senhor queria fazer mais, então fui até onde estavam deitadas no tapete. Não sabia muito a respeito de lésbicas. Achava que todas elas usavam um corte de cabelo masculino, jeans e controlavam as pessoas ao seu redor. Uma jovem admitiu que era lésbica, mas contradizia todo o estereótipo habitual. Era uma linda jovem loira de 21 anos; mas quando olhei para ela todo o seu semblante era trevas.

Eu lhe disse: "Você está sendo liberta de um demônio da morte. Na verdade, é um espírito suicida. Você tentou se suicidar recentemente, não é mesmo? Ela começou a chorar e enrolou as mangas longas do vestido que usava para me mostrar as nítidas cicatrizes de quando ela havia tentado cortar seu pulso há duas semanas. Naquele exato momento, sob o derramamento da unção divina, a jovem foi totalmente liberta do espírito suicida e do espírito de lesbianismo.

Um ano depois, quando voltei àquela igreja, fiquei feliz ao ver que aquela irmã estava desempenhando um papel chave no grupo de louvor. Ela veio até mim com um grande sorriso no rosto e, orgulhosamente, mostrou-me uma foto e disse: "Queria que o senhor soubesse que me casei há três semanas, e esse é o homem com quem me casei. Agora, estou servindo ao Senhor!".

Gostaria que você visse as pessoas que vivem em escravidão ao seu redor. Estão falidas, machucadas e desesperadas sob influências demoníacas. Os psicólogos não conseguem ajudar; nem mesmo os psiquiatras. A Palavra de Deus diz que essa espécie não sai com uma simples ordem em nome de Jesus Cristo — eles saem apenas por meio de oração e jejum. Isso, meu amigo, é o que o Senhor está pedindo que façamos. Você quer pagar o preço de libertar os cativos? Você quer libertar os cativos na sua igreja, na sua vizinhança e na sua cidade?

Não deveríamos ficar satisfeitos apenas com isso. Há jugos malignos desesperadores e regimes demoníacos chocando os povos das nações. Quero que a igreja de Jesus Cristo se levante pela glória de Deus. Estou cansado de ver um cristão atrás do outro chorando, quando há muitos necessitados desesperados no mundo lá fora. Somos chamados para libertar os cativos, e o Senhor nos deu armas poderosas para derrubar suas fortalezas.

Todo aquele que busca libertação de um pecado complicado ou de uma fraqueza crônica fica desesperado. Se os pais virem seus filhos curados ou libertos da opressão demoníaca, então não precisam se desesperar por seus filhos. Se verdadeiramente forem humildes e se desesperarem diante do Senhor, quando jejuarem por si mesmos ou por seus filhos, descobrirão que será fácil experimentar ou ministrar libertação. Talvez eles possam experimentar o que eu passei com o pequeno Stevie.

POR QUE NÓS JEJUAMOS?

Reuni uma lista de nove motivos bíblicos para o jejum, que, necessariamente, não precisam fazer um paralelo com a lista dos 12 benefícios do jejum listados em Isaías 58. Muitos desses pontos tratam das "áreas cinzentas" da vida cristã, e respondem algumas das perguntas mais comuns que tenho feito sobre o jejum nos últimos vinte anos.

1. Jejuamos em obediência à Palavra de Deus

Jejuar é um mergulho profundo na Palavra de Deus. É uma ferramenta de líderes vitoriosos tanto no Antigo quanto no Novo Testamento. Se o registro bíblico é uma indicação, então: "vencedores jejuam e perdedores não jejuam". Veja um exemplo resumido do que Deus tem a dizer para cristãos, e ministros em particular, sobre o jejum:

> "Agora, porém", declara o Senhor, "voltem-se para mim de todo o coração, com jejum, lamento e pranto" (Joel 2.12).
>
> "Ao contrário, como servos de Deus, recomendamo-nos de todas as formas: em muita perseverança; em sofrimentos, privações e tristezas; em açoites, prisões e tumultos; em trabalhos árduos, noites sem dormir e jejuns; em pureza, conhecimento, paciência e bondade; no Espírito Santo e no amor sincero" (2Coríntios 6.4-6).
>
> "Jesus respondeu: 'Como podem os convidados do noivo ficar de luto enquanto o noivo está com eles? Virão dias quando o noivo lhes será tirado; então jejuarão'" (Mateus 9.15).

2. Jejuamos para nos humilhar

Com que frequência você precisa da graça? Você precisa sentir o poder de Deus para realizar o chamado e visão que ele colocou no seu coração? Todos precisamos do poder de Deus para ter uma vida cristã vitoriosa diária. Seria doloroso demais jejuar, pelo menos uma vez por semana, para "manter limpas as conexões" na sua vida? Jejuar mantém você honesto. Tiago, o apóstolo, deixou claro este ponto: se você quer poder e graça de Deus, você deve se humilhar: "Humilhem-se diante do Senhor, e ele os exaltará" (Tiago 4.10). O Santo Espírito é chamado de Espírito da graça. Se você quiser o Espírito da graça, se quiser a unção, humilhe-se. (Trataremos essa questão fundamental com maiores detalhes no capítulo 5.)

3. Jejuamos para vencer tentações em áreas que nos impedem de usufruir o poder de Deus.

Se a unção não estiver fluindo livremente por seu intermédio, esse é um bom sinal de que você precisa jejuar e orar. É tempo de limpar o canal para que o Espírito de Deus possa fluir por seu intermédio. Mais uma vez, volte ao padrão do grande Pioneiro da nossa fé, Jesus. Conforme Lucas capítulo 4, Jesus saiu do deserto de tentação *no poder do Espírito*. Se quiser o mesmo, então faça o que ele fez. Jesus não comeu nada por quarenta dias, e depois, quando ele estava com fome, o Diabo veio tentá-lo. Quando Jesus açoitou o demônio completamente, ele seguiu adiante *em poder.*

4. Jejuamos para ser purificados do pecado (e ajudar outros a serem purificados também)

Conforme a Palavra de Deus, Jesus Cristo levou todos os pecados do mundo na cruz do Calvário. Muitos de nós (se não todos), porém, temos de tratar com as perturbações ou pecados envolventes que parecem continuar aparecendo inesperadamente e repetidas vezes. Deus não quer apenas que derrotemos tais pecados envolventes da nossa vida, mas também que possamos ir além das nossas necessidades para cobrir a brecha como intercessores por outros. Se existe um vício ou um pecado crônico que continua brotando na sua vida, humilhe a sua alma em jejum e Deus o purificará. Prepare-se para a hora em que o Senhor pedir que leve os pecados de outros sobre si (por meio da intercessão) e combine sua oração intercessória com o jejum. Os maiores modelos disso são Jesus Cristo e o profeta Daniel:

> Por isso me voltei para o Senhor Deus com orações e súplicas, em jejum, em pano de saco e coberto de cinza. Orei ao Senhor, o meu Deus, e confessei:

Ó SENHOR, Deus grande e temível, que manténs a tua aliança de amor com todos aqueles que te amam e obedecem aos teus mandamentos, nós temos cometido pecado e somos culpados. Temos sido ímpios e rebeldes, e nos afastamos dos teus mandamentos e das tuas leis (Daniel 9.3-5).

Podemos orar esse grande modelo de oração por nós mesmos, pela nossa congregação, pelos nossos filhos e até pela nossa cidade e país. Ela diz: "Deus, pecamos. Deixamos seus caminhos, ó Deus. Fomos derrotados por causa dos nossos pecados e transgressões". Agora, lembre-se de que o homem que estava fazendo essa prece, Daniel, era o homem mais justo de sua geração! Era o homem que preferia orar em vez de escapar da cova dos leões, e ainda dizer: "Deus, pecamos".

Muitas vezes já compartilhei esses princípios com pastores que protestaram dizendo: "Você não entende! Estamos ótimos. Estamos bem. Temos uma vida piedosa!". Eu digo a eles: "Ouçam, vocês não entendem! Nós podemos estar bem, mas *nossas cidades, países* estão desgraçados! Precisamos assumir a responsabilidade desse jugo e dizer: 'Deus, pecamos, nos transformamos em homens preguiçosos. Perdoe-nos e nos restaure!' ".

Como cristãos e intercessores conforme o padrão do Grande Intercessor, somos chamados e levamos as cargas dos outros. Isso é simplesmente uma parte inevitável de "tomar diariamente a nossa cruz". Às vezes, cidades ou países inteiros jejuam para se arrepender e ser purificados do pecado. Foi isso que aconteceu nos dias de Jonas. Os ninivitas eram um povo pecaminoso e violento que seria julgado e aniquilado por Deus. Mas, então, *eles fizeram um jejum* (até mesmo os jumentos, camelos e bodes jejuaram!).

Os ninivitas creram em Deus. Proclamaram um jejum, e todos eles, do maior ao menor, vestiram-se de pano de saco. Quando as notícias chegaram ao rei de Nínive, ele se levantou do trono, tirou o manto real, vestiu-se de pano de saco e sentou-se sobre cinza. Então fez uma proclamação em Nínive: "Por decreto do rei e de seus nobres: Não é permitido a nenhum homem ou animal, bois ou ovelhas, provar coisa alguma; não comam nem bebam! Cubram-se de pano de saco, homens e animais. E todos clamem a Deus com todas as suas forças. Deixem os maus caminhos e a violência. Talvez Deus se arrependa e abandone a sua ira, e não sejamos destruídos". Tendo em vista o que eles fizeram e como abandonaram os seus maus caminhos, Deus se arrependeu e não os destruiu como tinha ameaçado (Jonas 3.5-10).

Nínive voltou para o Deus vivo. Eles receberam o evangelho quando Jonas veio até eles. E agora, depois de 3 mil anos, quando escrevo este livro, o único cristão eleito no Parlamento, na primeira eleição do Iraque livre, veio de Nínive.

Jejuar por pureza, às vezes, pode ser muito confuso por causa da natureza do processo da purificação. Jejuar tem um jeito especial de trazer todo vício torpe e irritação à tona. Rapidamente, você perceberá — especialmente em jejuns mais longos — que se tiver um temperamento difícil escondido, que ninguém consegue ver (apenas Deus e seu cônjuge), ele virá à tona e começará a rugir para as pessoas. Seja paciente, corajoso e não desista. O Senhor fará a limpeza.

5. Jejuamos para nos tornar fracos perante Deus a fim de que o poder de Deus seja forte

Jejuar é uma escolha *por Deus* e *contra a carne*. Quando você jejua, está fazendo uma escolha consciente interior demonstrada por um ato exterior que deseja que o poder de Deus flua por você, não o seu próprio poder. Você deseja a resposta de Deus, não a sua.

Há muitos anos, quando dava os primeiros passos no ministério, recebi o telefonema de um casal que eu amava e por quem orava frequentemente. Não tinha dinheiro para economizar naquela época, mas eu me comovi muito quando eles disseram: "Irmão Mahesh, estamos passando por necessidade". Os dois estavam se formando na mesma época e teriam de parar os estudos se não dessem um jeito de arrumar dinheiro para os estudos.

Eles me disseram: "Mahesh, apenas gostaríamos que você orasse", mas eu os amava tanto que respondi: "Bem [...]" e estava pronto para dizer que lhes daria todo o dinheiro que eu tinha na minha conta corrente. Ainda fazia alguns cursos na universidade e precisava do dinheiro que havia economizado, pois assim eu poderia me matricular para as aulas finais. Enquanto eles falavam, eu disse para mim mesmo: "Vou pegar tudo o que economizei para a minha matrícula e dar a eles". Era o "lado carnal" falando. Não há nada de errado em dar àqueles que estão em necessidade, mas dessa vez eles estavam me chamando para *orar* e eu estava prestes a dar-lhes dinheiro em vez de orar.

De repente, Deus parecia estar falando comigo no outro ouvido: "Mahesh, *você* quer ajudá-los ou prefere que *eu* os ajude?". Eu disse: "*O Senhor*, é claro". Então orei por eles.

No dia seguinte, os dois receberam uma bolsa de estudos completa da universidade. O milagre da provisão não parou ai! Deus continuou a cuidar de todas as necessidades deles de modo sobrenatural pelos dois anos seguintes. De outra maneira, o "lado carnal de Mahesh" poderia ter ajudado meus amigos no máximo por três dias — se tivesse limpado completamente minha magra conta bancária. O caminho de Deus é sempre o melhor. Considere o que a Palavra de Deus tem a dizer:

> Mas ele me disse: "Minha graça é suficiente para você, pois o meu poder se aperfeiçoa na fraqueza". Portanto, eu me gloriarei ainda mais alegremente em minhas fraquezas, para que o poder de Cristo repouse em mim. Por isso, por amor de Cristo, regozijo-me nas fraquezas, nos insultos, nas necessidades, nas perseguições, nas angústias. Pois, quando sou fraco é que sou forte (2Coríntios 12.9-10).

Aprendi que é importante para nós, como ministros de Deus, nos tornar completamente fracos diante de Deus. É nesse momento que o Senhor nos enviará seu poder.

6. Jejuamos para liberar a unção para realizar sua vontade

Os líderes da igreja de Antioquia jejuaram e oraram antes de enviar Barnabé e Paulo. Isso foi feito para que os líderes pudessem fazer a escolha certa, *e* para garantir o sucesso da missão evangelística. Barnabé e Paulo seguiram o mesmo padrão nas cidades estrangeiras onde estabeleceram igrejas — eles jejuaram e oraram antes de apontar os anciãos naquelas cidades. O jejum e a oração ajudaram nas suas escolhas e na garantia do sucesso ministerial daqueles anciãos. Queriam que a graça e unção divinas continuassem naquelas igrejas por muito tempo, mesmo depois da ida dos apóstolos (ver Atos 13.3,4;14.23).

7. Jejuamos em tempos de crise

Os homens voltam-se para Deus em oração e jejum em tempos de crise. O livro de Ester registra o que foi provavelmente a época mais crítica na história da nação judaica. Mesmo depois do massacre brutal de Hitler, de seis milhões de judeus durante a terrível II Grande Guerra, milhares de judeus ainda sobreviveram em outros lugares do mundo. Na época de Ester, os judeus ainda não tinham sido dispersos e Hamã estava literalmente a um passo de destruir *toda* a raça judaica! O rei dos persas e dos medos já tinha assinado o decreto quando Ester ordenou que os judeus fizessem um jejum antes de ela arriscar sua vida e entrar na presença do rei para obter misericórdia e perdão para o povo.

> Então Ester mandou esta resposta a Mardoqueu: "Vá reunir todos os judeus que estão em Susã, e jejuem em meu favor. Não comam nem bebam durante três dias e três noites. Eu e minhas criadas jejuaremos como vocês. Depois disso irei ao rei, ainda que seja contra a lei. Se eu tiver que morrer, morrerei" (Ester 4.15,16).

Em tempo de crise, talvez você precise fazer o jejum mais agressivo de todos e se abster totalmente de comida e água. Entretanto, não o aconselho a fazê-lo por mais de *três dias*, a menos que você esteja literalmente na glória da presença de Deus. Esse jejum de três dias é o jejum que Ester pediu que o povo observasse. No final, Deus mudou aquela crise e trouxe libertação a todos os judeus.

Em 2Crônicas 20, Judá estava novamente prestes a ser destruído por inimigos quando o rei Josafá proclamou um jejum entre o povo. No final, eles testemunharam um dos atos mais dramáticos de libertação sobrenatural registrado na Bíblia, quando os anjos de Deus vieram e eliminaram os exércitos de três nações invasoras!

8. Jejuamos quando estamos buscando a direção de Deus

> Ali, junto ao canal de Aava, proclamei jejum para que nos humilhássemos diante do nosso Deus e lhe pedíssemos uma viagem segura para nós e nossos filhos, com todos os nossos bens. Tive vergonha de pedir soldados e cavaleiros ao rei para nos protegerem dos inimigos na estrada, pois lhe tínhamos dito: "A mão bondosa de nosso Deus está sobre todos os que o buscam, mas o seu poder e a sua ira são contra todos os que o abandonam". Por isso jejuamos e suplicamos essa bênção ao nosso Deus, e ele nos atendeu (Esdras 8.21-23).

Quando você precisa da direção divina, quando você está confuso quanto ao caminho a tomar, uma das melhores coisas a fazer é jejuar. Essa prática é especialmente verdade em algumas áreas confusas de relacionamentos pessoais, particularmente para aqueles cristãos que desejam saber sobre a pessoa com quem se casarão. O Senhor ensinou-me esse princípio de jejum antes de eu me casar. E eu jejuei pela minha esposa, mesmo antes de me casar e de conhecê-la! Sabia que Deus não me havia chamado para ficar sozinho e que ele sabia quem ela era e onde estava; então jejuei e orei por ela. Bonnie e eu comparamos anotações pessoais, anos depois, e descobrimos que, na época mais crítica de sua vida, depois do divórcio de seus pais, quando ela passou por momentos muito difíceis, eu estava jejuando por ela e orando para que Deus lhe desse libertação!

9. Jejuamos por entendimento e revelação divina

Como cristãos, precisamos mais do que direção. Precisamos de *revelação* e *entendimento* quanto a determinadas questões, situações ou verdades bíblicas. A Bíblia diz: "Por isso, vá ao templo do SENHOR no dia do jejum e leia ao povo as palavras do SENHOR que eu ditei, as quais você escreveu. Você também as lerá a todo o povo de Judá que vem de suas cidades" (Jeremias 36.6).

Às vezes, a revelação do Senhor não acontece, necessariamente, no momento do jejum, mas depois dele. Isso aconteceu comigo na época em que o Senhor me mostrou um princípio maravilhoso de cura durante uma grande campanha evangelística no Haiti. As reuniões aconteceram logo depois que o regime de Duvalier foi instaurado no país. Deus nos deu milagres maravilhosos naqueles cultos. Entretanto, os sacerdotes vodus e as bruxas haviam ficado tão perturbados com nossos cultos, que pela primeira vez fizeram um chamado nacional pelo rádio para uma reunião entre todos os sacerdotes vodus e praticantes da religião, com a finalidade de nos amaldiçoar! Eu disse: "Que maravilha! Vamos ver o que vocês conseguem fazer!". (Respondi assim porque foi dessa maneira que Elias fez antes de mim; eu *sabia* que Deus estava nos cercando com a sua glória).

Durante essa mesma série de reuniões, certa mulher que nascera cega foi trazida à frente do altar por sua neta. Todas as vezes que aquela pequena senhora vinha até a frente do altar apoiando as mãos nos ombros de sua neta, eu orava por ela. Todas as vezes a bênção divina a alcançava e ela caía no chão como se eu lhe tivesse batido com toda a minha força, mas eu mal tocava nela. Sabia que alguma coisa acontecia, mas toda vez eu a ajudava e perguntava: "Como a senhora está, vovó?", ela piscava os olhos e dizia: "Não consigo ver". Eu só conseguia dizer: "Tudo bem. Volte outra vez".

A mesma coisa se repetiu em cada culto durante sete dias e sete noites. Ela era levada por sua neta à frente. O poder de Deus a alcançava, seu corpo começava a tremer e ela caía. Eu sabia que era o poder genuíno do Senhor derrubando aquela mulher. Era óbvio que eu quase queria que o Senhor fosse gentil. Todas as vezes que eu a ajudava, perguntava: "Como a senhora está?". Ela se agitava toda e dizia que ainda não conseguia enxergar.

Eu realmente estava lutando com aquela situação. Como você pode imaginar, quando se conduz cultos de cura, necessariamente não queremos que a primeira pessoa que venha orar seja um cego de nascença. Há uma forte tentação de pedir que as primeiras sejam aquelas pessoas com dor de cabeça ou verrugas.

Lá pelo quarto dia, eu já estava ficando cansado de ver a vovó vindo à frente para orar. Agradeci a Deus porque ela não estava pedindo cura para mim, mas para o Senhor. Mais uma vez, a mesma coisa aconteceu. Na verdade, *a mesma coisa aconteceu* no quinto dia e no sexto dia. Ela vinha à frente, eu orava, ela caía, eu a ajudava a se levantar, ela balançava sua cabeça dizendo não, e eu dizia: "Deus a abençoe; volte outra vez", e assim por diante.

No último dia de culto da campanha no Haiti, minha vovó predileta veio, mais uma vez, com as mãos apoiadas nos ombros da neta. Mais uma vez eu orei por ela, e novamente o incrível poder de Deus a derrubou no chão, exatamente como em todos os outros cultos. Mais uma vez eu me ajoelhei e disse: "Deus a abençoe, vovó", e continuei. Mas, dessa vez, o Senhor me disse: "Ajude-a". Então eu disse: "Tudo bem". Voltei e ajudei a senhora a se colocar em pé.

Mais outra vez eu perguntei a ela: "Como está, vovó?". Ela piscou os olhos e disse: "Consigo *ver tudo claramente*!". Deus havia criado novamente os seus olhos por completo e lhe dado a vista pela primeira vez em sua vida! Exteriormente eu exclamei: "Que maravilha!". Mas no meu interior eu dizia: "Deus, o Senhor poderia ter feito isto no primeiro dia!".

Muitos meses depois, durante um longo período de jejum e oração, estava dirigindo por uma rua no sul da Flórida, onde eu morava na época. Estava concentrado no meu negócio e nem mesmo estava orando no décimo oitavo dia de jejum quando, de repente, comecei a ver cenas da época em que havia orado por aquela preciosa vovó no Haiti bem diante dos meus olhos. Era como se estivesse assistindo a um *videotape* colorido daqueles momentos de oração.

Havia pensado muitas vezes sobre os sete dias que tinha orado por aquela mulher cega e, de repente, encontrei-me revivendo aqueles dias em cores. Apenas dessa vez eu percebi que estava vendo por meio dos olhos do Espírito. Quando aquela senhora veio orar, a cada reunião, o Senhor me mostrou que havia uma criatura semelhante a um polvo, com diversos tentáculos envolvendo os seus olhos. Todas as vezes que eu orei, a unção divina alcançava a mulher e derrubava um dos tentáculos.

Durante a segunda oração, um segundo tentáculo foi removido sobrenaturalmente. Durante a terceira oração, um terceiro tentáculo caiu. Finalmente, na última noite e no último culto, a mulher veio à frente e apenas um único tentáculo envolvia os seus olhos. Era o espírito da cegueira, o demônio principal que a mantivera na escravidão em um mundo de trevas. Quando orei por ela no último dia, o último tentáculo veio abaixo e ela conseguiu ver nitidamente.

O Senhor me revelou que, naquele momento, obstruções demoníacas nos seguravam e nos agarravam com muitos braços. Todas as vezes que você ora sob a unção, *alguma coisa acontece*. Pode contar com isso. O Senhor diz a muitos de nós: "Não fiquem desanimados. Continuem orando até que o último tentáculo caia e você veja a cura e a libertação".

4
Qual é sua função?

Nunca me esquecerei da época em que ministrei no cerrado do noroeste da Zâmbia, África, porque Deus usou essa experiência para me ensinar algo sobre meu chamado e a "descrição da minha função" no seu Reino. O Senhor curou muitas pessoas numa multidão de 10 mil, mas lembro-me bem de um homem que fez uma enorme confusão, naquelas reuniões com suas muletas caseiras. Seus tornozelos eram tortos e suas pernas eram grotescamente curvas. Ele estava assim há cinquenta e cinco anos.

Depois de receber a oração, suas pernas se endireitaram e ele começou a saltar entusiasmadamente (creio que essa cena foi muito semelhante à que Pedro e João viram em Atos 3.3-9). Ele não conseguia parar de pular de alegria! Também orei por um menino de 16 anos que estava confinado a uma cadeira de rodas com poliomielite desde um ano de idade. Sua mãe entrou numa fila com ele para receber oração e, depois da oração, ele escorregou para o chão e permaneceu ali enquanto eu continuava a orar pela fila.

De repente, ouvi um clamor no meio da multidão e vi muitos cadeirantes a cerca de 100 metros começando a pular! Tive de sair para buscar minha máquina e fotografar aquelas curas milagrosas, sabendo que apenas Deus poderia fazer tais sinais e maravilhas. Enquanto eu voltava para o lugar da reunião, vi o menino que era paralítico pulando e começando a correr! No momento em que cheguei ao lugar em que ele estava deitado no chão, ele já tinha passado rapidamente por mim!

A mãe do garoto chorava tão profundamente, que todo o seu corpo chacoalhava em soluços convulsivos enquanto se agarrava à cadeira de rodas vazia, lugar em que seu filho havia passado muitos anos da vida sem nenhuma esperança. Quando ela me viu chegando, imediatamente caiu no chão e começou a jogar punhados de pó sobre seu corpo. Meu intérprete falou que ela dizia: "Obrigado, grande chefe, por vir até a África e curar meu filho". Gentilmente a coloquei em pé e lhe disse: "Querida mãe, quero que você saiba que *sou um pequeno servo do Maior dos maiores chefes.* Seu nome é Jesus, e ele é aquele que curou seu filho hoje".

Então outra mãe gritou por mim com uma voz pesarosa e, quando me virei, vi uma pobre mulher desesperada que usava uma saia esfarrapada e apenas um pedaço de pano sobre seus ombros. (O problema não era a falta de decência ou "civilização", mas a pobreza extrema. Em regiões distantes como aquelas, poucas pessoas podem comprar sapatos ou outros luxos. A maioria consegue comprar apenas um pedaço de pano.)

Essa pobre mulher disse: "Por favor, senhor, não me preocupo comigo. Mas o senhor poderia orar pela minha filhinha?". Olhei à minha volta e disse: "Sim, mas onde está sua filha?". A mulher levantou sua saia e ali, escondidinha atrás dos trapos que cobriam sua mãe, estava uma pequena menina de três anos de idade. Ela estava usando uma saia rasgada e uma blusa suja, mas eu ainda podia ver claramente os enormes furúnculos que cobriam seu corpo e se aprofundavam em sua pele.

"MAHESH, É ASSIM QUE ME SINTO..."

Sabia que a garotinha estava sentindo uma dor terrível. Para tornar as coisas piores, quando a mãe se abaixou para me mostrar o que estava errado com sua filha, seu xale escorregou dos ombros e vi que um lado do corpo da mulher estava literalmente comido por uma doença que parecia lepra ou algum tipo de fungo que a consumia. Sabia que aquela preciosa mãe também estava em grande dor, mas ela queria que eu orasse por sua filha.

Segurei as duas em meus braços e orei por elas de todo o meu coração. Quando me voltei, a mãe falou comigo com muitas lágrimas escorrendo pelo rosto: "Obrigado, senhor, por vir da América abençoar este pobre povo".

Não consegui conter as lágrimas e a compaixão que senti naquele momento. Quando saí de lá, senti o espírito de Deus me perguntar: "Você sentiu compaixão por aquela mulher e sua filhinha?". Eu disse: "Sim, Senhor". Então ele me disse: "*Mahesh, é assim que me sinto em relação a todos os povos da terra. Eles estão feridos e machucados sem a mensagem do meu Filho, Jesus Cristo. Quero que* você *os ajude. Compartilhe a mensagem de vida*".

ONDE ESTÁ O EXÉRCITO?

Os Texas Rangers[1], um grupo de patrulheiros que mantinham a lei e a ordem no velho oeste dos EUA deixaram um legado inspirador. Conta a história que um xerife em determinada cidade do Texas mandou um telegrama urgente para o quartel-general dos Rangers, que dizia: "Envie um exército! A cidade se revoltou, estão fazendo uma confusão e a anarquia está ameaçando dominar tudo!".

O xerife recebeu uma sucinta resposta característica: "Encontre-me no trem das 4 horas".

Na tarde seguinte, o xerife ansioso e um prefeito mais ansioso ainda esperavam impacientes na plataforma enquanto o trem parava. Viram, então, apenas um ranger texano descendo calmamente na plataforma com seu rifle Winchester nas mãos. Os cidadãos excitados olhavam para o *ranger*. E quando finalmente

---

[1] Texas Rangers era um grupo de patrulheiros no antigo oeste norte-americano, no tempo de sua colonização, cuja história ficou bem conhecida pelos filmes sobre o Velho Oeste, assistidos no mundo todo. [N. do T.]

o trem parou, seus rostos começaram a perder a cor. Eles se encontraram com o ranger e perguntaram: "Onde está o exército?".

O ranger olhou bem no fundo dos olhos deles e disse com firmeza: "Um tumulto, um ranger". Isso aconteceu porque o ranger sabia quem ele era, o que ele representava e toda a extensão do seu poder como oficial da lei.

Minha mensagem a você é simplesmente esta: "Deus deu um tumulto para você, ranger". O seu trabalho é sentir o que Deus sente pelo mundo e *fazer alguma coisa*. No que diz respeito a Deus, você é o delegado com a autoridade, o sinal e as armas de execução que ele deixou para lidar com as obras do inimigo.

CONSULTE O MANUAL DE FUNÇÕES

Os Evangelhos sinópticos (Mateus, Marcos e Lucas) registram o dia em que Jesus deu aos seus discípulos a autoridade e a força para expelir demônios e curar os doentes:[2]

> Então disse aos seus discípulos: "A colheita é grande, mas os trabalhadores são poucos. Peçam, pois, ao Senhor da colheita que envie trabalhadores para a sua colheita". Chamando seus doze discípulos, deu-lhes autoridade para expulsar espíritos imundos e curar todas as doenças e enfermidades (Mateus 9.37-10.1).

Na verdade, essa descrição de função era uma parte dela, por duas razões. Primeiro, era uma vaga imagem espelhada de Jesus do chamado dele de Isaías 61. Foi uma antecipação ou um exemplo do que aconteceria depois que Jesus tivesse terminado sua obra na cruz e dado a seus seguidores o incrível dom do

---

[2] Veja também Marcos 6.7-13; Lucas 9.1-6.

batismo no Espírito Santo começado no Pentecostes. Segundo, os discípulos posteriormente depararam com um obstáculo aparentemente intransponível quando encontraram o Demônio que se recusava a sair, aos pés do Monte da Transfiguração (ver Mateus 17.21; Marcos 9.29). Esse foi o dia em que os discípulos aprenderam sobre o "poder secreto" do jejum e da oração no ministério de libertação, sinais e maravilhas.

POR QUE EU, SENHOR?

Muitos cristãos deixam seu caminho para evitar a responsabilidade pelas outras pessoas; mas eles não percebem que simplesmente estão seguindo o padrão de Caim, que fez a mesma pergunta de uma forma diferente: "Não sei; sou eu o responsável por meu irmão?". A resposta do Senhor ainda é a mesma: Sim.

Jeremias, o profeta, asperamente confirmou as consequências eternas da nossa responsabilidade de ajudar a salvar as pessoas, quando profetizou:

> Ó dinastia de Davi, assim diz o SENHOR: "Administrem justiça cada manhã: livrem o explorado das mãos do opressor; senão a minha ira se acenderá e queimará como fogo inextinguível, por causa do mal que vocês têm feito [...]" (Jeremias 21.12).

Tiago, o apóstolo, nos advertiu no Novo Testamento: "[...] Quem sabe que deve fazer o bem e não o faz, comete pecado" (Tiago 4.7). Sobre que bem estou falando? Deixe-me ilustrá-lo com um fato que ocorreu na infância de minha esposa.

Quando Bonnie tinha apenas sete anos de idade, ela e suas primas brincavam de esconde-esconde no celeiro do rancho em Elkins, no Novo México. Bonnie pensou que havia escolhido um lugar seguro para se esconder e apoiou-se, no escuro, ente dois montes de sementes. Vestida apenas com shorts, camiseta e um par de sandálias tipo havaianas, ela agachou-se e quase tocou a parede do celeiro.

De repente, de algum lugar bem atrás dela, Bonnie ouviu um assobio amedrontador e o guizo de uma cascavel mortal que estava pronta a dar um bote. Aterrorizada, Bonnie escapuliu e correu para casa a fim de buscar seu pai. Quando eles voltaram ao celeiro, Bonnie olhou para baixo e percebeu que estava usando apenas um pé do par das sandálias.

O pai de Bonnie entrou no celeiro com alguns dos ajudantes da fazenda e, alguns minutos depois, voltou carregando uma enorme cascavel morta. E um pé das sandálias de Bonnie estava agarrado às suas presas. Que imagem viva do nosso escape de Satanás, do pecado e da morte, por meio da morte e ressurreição de Jesus Cristo!

Milhões de pessoas ingenuamente estão brincando em lugares sombrios, que acreditam ser um lugar seguro. A realidade, porém, é que existe uma serpente impiedosa — o Demônio — a fomentar um desejo maligno para destruir toda a humanidade. Por nós mesmos, somos totalmente despreparados, desprotegidos e incapazes de nos precaver dos ataques da serpente. No entanto, Deus está chamando o mundo para "correr para o Pai", e para suas mãos (a igreja), para liquidar a serpente. Jesus fez tudo isso no Calvário; entretanto, ele depende da igreja para espalhar o evangelho e aniquilar os demônios. Infelizmente, muitos de nossos irmãos estão brincando como se a serpente fosse apenas um sonho ou um mito. Conhecemos a verdade, temos o poder para libertar as pessoas, a autoridade e a ordem para fazer exatamente isso. E agora?

As últimas palavras que Jesus falou a seus discípulos enquanto estava na Terra nos oferece mais duas dicas quanto à nossa descrição de função:

> Mais tarde Jesus apareceu aos Onze enquanto eles comiam; censurou-lhes a incredulidade e a dureza de coração,

porque não acreditaram nos que o tinham visto depois de ressurreto. E disse-lhes: "Vão pelo mundo todo e preguem o evangelho a todas as pessoas. Quem crer e for batizado será salvo, mas quem não crer será condenado. Estes sinais acompanharão os que crerem: em meu nome expulsarão demônios; falarão novas línguas; pegarão em serpentes; e, se beberem algum veneno mortal, não lhes fará mal nenhum; imporão as mãos sobre os doentes, e estes ficarão curados". Depois de lhes ter falado, o Senhor Jesus foi elevado aos céus e assentou-se à direita de Deus (Mateus 16.14.19).

É evidente que os discípulos de Jesus levaram a sério suas palavras porque não fizeram uma reunião para discutir o seu mandamento final. De acordo com o verso final do evangelho de Marcos, eles se tornaram embaixadores da palavra. "Então, os discípulos saíram e pregaram por toda parte; e o Senhor cooperava com eles, confirmando-lhes a palavra com os sinais que a acompanhavam." (Marcos 16.20). Tenho uma pergunta: Quando isso parou? Por quê? E com a autoridade de quem?

Quem na terra poderia ter mais autoridade do que Jesus Cristo? Qual dos discípulos poderia ser culpado por ensinar que as palavras finais de Jesus talvez pudessem passar? Existe um sinal nos Evangelhos de que Jesus faria uma declaração de tal peso sabendo que tudo passaria como muitos dos provérbios dos homens caídos? A única resposta é obvia: as palavras de Jesus nunca passarão. É esperado que tenhamos um evangelho como o de Marcos 16.14-18, que prega, derrota o Demônio, cura as enfermidades, liberta os prisioneiros e libera o oprimido! E isso pode apenas ser feito pela maneira divina, por intermédio de vidas devotadas à oração e ao jejum, e pela fé absoluta no filho ressurreto de Deus.

Os apóstolos e discípulos do primeiro século eram pessoas que oravam e jejuavam constantemente. Eles manifestavam toda obra vista na vida e ministério terrenos de Jesus Cristo. Esse padrão de ministério sobrenatural e alcance ousado continuaram bem até o segundo século (tempos após a morte de Paulo e dos discípulos originais do Cordeiro). O ministério deteriorou-se porque a relação de intimidade entre Deus e o homem entrou em decadência tanto pela apatia, heresia e forma de religiões feitas por homens quanto pela política que se alastrou na igreja.

É tempo de retomarmos o território que o inimigo roubou do povo de Deus. Deus quer nos encher com ele, de coração para coração, com uma relação de intimidade e obediência a sua vontade — exatamente como Jesus orou no dia em que se rendeu aos seus acusadores (ver João 17). Quando reivindicarmos nossa herança como filhos e filhas de Deus e começarmos a buscar sua face em oração e jejum, todos os milagres dos evangelhos e do livro de Atos voltarão ruidosamente ao cotidiano da igreja! É bem simples assim.

> "Minha oração não é apenas por eles. Rogo também por aqueles que crerão em mim, por meio da mensagem deles, para que todos sejam um, Pai, como tu estás em mim e eu em ti. Que eles também estejam em nós, para que o mundo creia que tu me enviaste. Dei-lhes a glória que me deste, para que eles sejam um, assim como nós somos um: eu neles e tu em mim. Que eles sejam levados à plena unidade, para que o mundo saiba que tu me enviaste, e os amaste como igualmente me amaste. Pai, quero que os que me deste

estejam comigo onde eu estou e vejam a minha glória, a glória que me deste porque me amaste antes da criação do mundo. Pai justo, embora o mundo não te conheça, eu te conheço, e estes sabem que me enviaste. Eu os fiz conhecer o teu nome, e continuarei a fazê-lo, a fim de que o amor que tens por mim esteja neles, e eu neles esteja" (João 17.20-26).

A evidência é incrível. A descrição de função que Jesus deu aos seus seguidores há quase 2 mil anos ainda se aplica a seus seguidores hoje. Exatamente como foi aos discípulos em Mateus 17.21, que deveriam jejuar e orar para vencer os obstáculos mais difíceis da vida e do ministério, assim você e eu precisamos ter comprometimento com a oração e o jejum hoje. Exatamente como era esperado que os discípulos do passado pregassem o evangelho, ordenassem o arrependimento, orassem pelos doentes, e expulsassem os demônios, o mesmo é esperado de você e de mim! Minha próxima declaração talvez lhe cause espanto, mas está na Bíblia. Você recebeu a autoridade para ressuscitar os mortos, embora isso possa ser feito estritamente na autoridade e direção divinas. Creio que a igreja desta geração começará a ver mortos ressuscitados como sinal e maravilha em um nível nunca visto na história da igreja. Também sei que isso nunca acontecerá até o povo de Deus descobrir e praticar o poder secreto da oração e do jejum.

Você é um discípulo do Senhor Jesus Cristo? Deixe-me esclarecer este ponto se houver alguma confusão: se você for um crente no Senhor Jesus Cristo, então você é um discípulo! Qual é a descrição de função de um discípulo? Jesus fez a melhor descrição:

Estes sinais acompanharão os que crerem: em meu nome expulsarão demônios; falarão novas línguas; pegarão em serpentes;

> e, se beberem algum veneno mortal, não
> lhes fará mal nenhum; imporão as mãos
> sobre os doentes, e estes ficarão curados
> (Marcos 16.17,18).

As pessoas que Jesus comissionou e enviou dois a dois eram gente comum como você e eu, porém isso não importava ao Filho de Deus. Sua descrição de função incluía a responsabilidade de curar o enfermo, ressuscitar os mortos e expulsar demônios. Jesus disse: "[...] Vocês receberam de graça; deem também de graça" (Mateus 10.8b).

A igreja esquivou-se dessa descrição de função em favor de uma versão revisada do que parece ser uma preferência por esconder-se por detrás das quatro paredes, permanecendo sentada nos bancos, limitando a luz divina a um seleto e pequeno povo escolhido. Não, a Palavra de Deus e seus propósitos não mudaram. Deus nos chamou para ser curados e levar seu manto de cura conosco, por onde quer que formos. Ter esse nível de unção e cura na nossa vida tem um preço, demanda uma vida de oração e jejum disciplinados. Meu amigo, se você não tem nenhum objetivo ou alvo particular em Cristo, com certeza não terá sucesso e não alcançará nada. Paulo não teria nada a ver com esta abordagem de vida cristã: "não fazer nada, não saber de nada, não correr nenhum risco". Ele corajosamente declarou:

> Irmãos, não penso que eu mesmo já o
> tenha alcançado, mas uma coisa faço:
> esquecendo-me das coisas que ficaram
> para trás e avançando para as que estão
> adiante, prossigo para o alvo, a fim de
> ganhar o prêmio do chamado celestial de
> Deus em Cristo Jesus. Todos nós que
> alcançamos a maturidade devemos ver as
> coisas dessa forma, e, se em algum aspecto

vocês pensam de modo diferente, isso também Deus lhes esclarecerá (Filipenses 3.13-15).

Você encontrará pessoas necessitadas que nunca encontrarei. Isso acontece todos os dias na sua rotina de trabalho, de ida ao supermercado perto de sua casa, ou ao posto de gasolina para encher o tanque do carro. Jesus fez isso com os discípulos, e Deus está fazendo o mesmo com você: "um tumulto, um ranger". Uma necessidade sobrenatural, um cristão cheio do Espírito e ungido com poder de Deus e autoridade para usar.

UMA LIÇÃO DA HISTÓRIA

A história é um grande mestre, e aquelas gerações que atentaram para suas lições foram mais sábias do que aquelas que não lhe deram ouvidos. O difícil período que envolve a II Grande Guerra e o Holocausto judeu tem muitos exemplos que demonstram a necessidade urgente de os servos da luz se levantarem e serem considerados na guerra contra os servos das trevas.

Algumas pessoas cuja coragem e visão serviram como padrão de luz contra a nuvem mortal agourenta que se estabeleceu na Europa levantaram-se durante os densos anos daquela guerra. Apesar da opressão quase total e da tirania que experimentaram sob o ataque violento do Terceiro Reich de Hitler, poucos ousaram exercitar sua liberdade de escolher o caminho certo; e, agindo dessa maneira, prover vida a outros.

Oscar Schindler era um homem de negócios e um nazista que pretendia construir um império social e financeiro para si explorando a ocasião da guerra. Schindler não foi bem-sucedido no seu negócio antes ou depois da guerra, mas durante aquele período negro do império de terror de Hitler, Oscar Schindler envolveu-se na libertação de 1.200 judeus cujas vidas e linhagem familiar teriam sido extintas eternamente nos fornos dos campos de concentração da Alemanha nazista.

De algum modo, esse homem de negócios teve seu coração mudado. Todo o seu sistema de valores foi transformado e, como resultado, ele começou a mudar seu negócio de fabricar armas para o negócio de salvar vida. Oscar Schindler conseguiu fazer com que judeus refugiados e prisioneiros fossem transferidos para sua fábrica como "trabalho escravo", e propositadamente mandava seus trabalhadores carregarem as armas com munição de festim. À medida que a situação ficava cada vez pior, Schindler começou a vender seus recursos particulares e, frequentemente, arriscava sua vida para "comprar" a vida de mais e mais judeus antes que embarcassem para a morte nos campos do exército nazista. Finalmente, as forças aliadas começaram a entrar nas fronteiras alemãs e libertar a Europa, e Schindler — ainda oficialmente considerado um membro do partido nazista — foi forçado a deixar a Alemanha.

Um filme descrevendo sua verdadeira história mostra em sua cena final a despedida de Schindler a centenas de judeus refugiados que ele pessoalmente libertou dos fornos de Hitler. Enquanto olha para o povo, Schindler percebe que havia apenas alguns à luz dos muitos que viu serem arrastados para a morte. Enquanto ele olha para suas poucas posses que restaram — seu anel de casamento e o carro que ele precisava para escapar da prisão e possível morte — Schindler grita: "Mais dez vidas, mais dez eu poderia ter salvado! Poderia ter feito mais, poderia ter feito mais!".

Enquanto assistia a essa cena dramática do filme "A lista de Schindler", meu coração pulava no peito. Pensei: "Se mais pessoas desobrigadas a usar a estrela amarela dos judeus tivessem exercido a liberdade, eles teriam de escolher a honra — mais pessoas teriam vivido!". Oscar Schindler gastou toda sua fortuna comprando vidas da lista de mortos de Hitler. As 1.200 vidas salvas daquela época se multiplicaram para mais que 6 mil vidas, embora 6 milhões de vidas judias tenham sido brutalmente extintas, e com elas milhões teriam nascido.

Há uma voz profética, com a autoridade divina, gritando as palavras de Oscar Schindler: "Sem Cristo toda alma perecerá.

O propósito final de todos os cristãos é libertar aqueles que estão sob a escravidão da morte. A única ordem para todo aquele que crê em Jesus é salvar outros". O aspecto eterno da nossa vida na terra é nosso investimento na vida eterna de outras pessoas.

Qual é a sua descrição de função? Ser como Jesus, em palavras e em obras, fazer suas obras e muito mais pela sua ordem! A melhor maneira de concluir este capítulo e preparar nosso coração para o próximo é lembrar e meditar na profecia que definiu o chamado do Messias e define o seu chamado, bem como o desta geração:

> "O Espírito do Senhor está sobre mim, porque ele me ungiu para pregar boas novas aos pobres. Ele me enviou para proclamar liberdade aos presos e recuperação da vista aos cegos, para libertar os oprimidos e proclamar o ano da graça do Senhor" (Lucas 4.18,19).

Você também foi chamado e ungido pelo Espírito Santo do Senhor para pregar o evangelho de esperança ao pobre. Você também foi enviado e capacitado para curar o coração ferido e proclamar libertação aos cativos. Como discípulo de Jesus, você recebeu autoridade em seu nome para dar visão aos cegos, libertar aqueles que vivem oprimidos pelo Diabo. E hoje, talvez como nunca, você é ungido para proclamar o ano "aceitável do Senhor"!

Agora vem a questão mais difícil. Você está preparado para fazer as obras de Jesus como foi ordenado a fazê-las? Então você deve estar preparado para pagar o preço e dizer com Jesus para sua geração: "Hoje se cumpriu a Escritura que vocês acabaram de ouvir" (Lucas 4.21b). O primeiro passo para o sucesso e triunfo para todos nós talvez seja o mais difícil: encontrar o lugar da humildade verdadeira.

5
Humildade: a posição do triunfo

Durante um jejum de quarenta dias, o Senhor me visitou e disse que um reavivamento mundial estava por vir e que traria colheita de almas sem precedentes e glória para a terra. Acredito que entramos na era pós-carismática ou onda da unção. Estamos começando a ver as primeiras gotinhas daquela chuva de unção e glória, os primeiros sinais das maiores colheitas que o Senhor descreveu a mim há alguns anos.

Há sinais e estações na natureza que apontam para essa chuva que está por vir. Tanto as igrejas carismáticas quanto as pentecostais ao redor do mundo anteciparam a comemoração do centenário do derramamento da Azuza Street, chuvas recordes desabaram de uma vez, como nunca na história, no Death Valley, Califórnia. Sementes do deserto que permaneciam dormentes por cem anos, de repente brotaram para a vida depois das chuvas anormais ao clima de deserto extremo do oeste norte-americano. Especialistas começaram a chamar o fenômeno de *"hundred-year bloom"*[1] e

---

[1] A expressão não costuma ser traduzida, mas seria algo como "o florescimento de cem anos", porque depois de 100 anos adormecidas, as sementes floresceram. [N. do T.]

pessoas de todas as partes do mundo vieram para apreciar aquela vista incrível.

Um século depois de um dos mais influentes derramamentos desde o Pentecostes, milhares de cristãos esperançosos foram para Los Angeles, Califórnia, a fim de comemorar o centenário da Azuza Street. Fui chamado para ser um representante da unção de cura junto com o dr. Oral Roberts e Kenneth Copeland, durante essa comemoração mundial. O último dia do evento foi realizado no *Los Angeles Memorial Coliseum*. Horas antes da cerimônia de abertura, multidões já se amontoavam ao redor do estádio! A atmosfera estava cheia do espírito de unidade e expectativa. Oradores, líderes e mais de 45 mil cristãos se reuniram para uma experiência única. Quando subi ao púlpito para falar, a presença curadora e a densa glória do Senhor encheram aquele lugar. A multidão atentava a cada palavra, pronta para um toque enquanto eu compartilhava a história da ressurreição de um garoto africano de 6 anos de idade, Katshinyi, e a libertação miraculosa de meu filho da morte. Quando eu disse: "Jesus é o mesmo ontem, hoje e para sempre. Estenda sua mão para a cura [...] em nome do seu santo servo, Jesus", a arena se encheu com um rugido de louvor e expectativa e uma revelação do Espírito Santo desceu.

As chuvas do Santo Espírito estão vindo sobre sua igreja nos últimos dias como nunca! Creio que Deus está liberando novamente o poder como fez na Azuza Street. Um novo Pentecostes está chegando, um "hundred-year bloom"! Mas a igreja só pode começar a operar no poder do Espírito quando seus membros obtiverem a graça divina na sua vida. Como podemos obter a graça? Devemos nos humilhar. Provérbios 3.34 diz que Deus "[...] concede graça aos humildes".

Jesus, nosso maior modelo de ministério, discipulado e liderança nos mostrou o caminho. O apóstolo Paulo disse aos cristãos de Filipos:

> Seja a atitude de vocês a mesma de Cristo Jesus, que, embora sendo Deus, não considerou que o ser igual a Deus era algo a que devia apegar-se; mas esvaziou-se a si mesmo, vindo a ser servo, tornando-se semelhante aos homens. E, sendo encontrado em forma humana, humilhou-se a si mesmo e foi obediente até a morte, e morte de cruz! Por isso Deus o exaltou à mais alta posição e lhe deu o nome que está acima de todo nome [...] (Filipenses 2.5-9).

Há muita confusão em relação às palavras *simplicidade* e *humildade,* porque elas trazem imagens de atos de humildade exterior feitos por pessoas que são tudo, menos humildes em seu interior. A maioria desses esforços exteriores tem o mesmo efeito de quando alguém diz: "Obrigado, Deus, porque não sou mais orgulhoso". Apenas dizer isso coloca-nos de volta ao domínio do orgulho! Mesmo os atos exteriores que muitos supõem ser fruto de humildade podem nos colocar no perigo novamente, provocando orgulho de nossas obras. Existe, porém, um caminho bíblico para a humildade.

Onde quer que eu esteja, pessoas chegam até mim e dizem: "Irmão Mahesh, ore por mim para que eu me humilhe diante de Deus e permaneça dessa maneira". Respondo a eles falando a respeito de Davi e dos salmos. Em se tratando de orar por aqueles que eram seus inimigos, Davi escreveu: "[...] *humilhei*-me com jejum e recolhi-me em oração" (Salmos 35.13). A palavra hebraica traduzida pelo pronome "me", na NVI, é *nephesh,* que pode ser literalmente traduzida como "*ser que respira*".[2] A versão Revista e

---

[2]   James STRONG,*Strong's Exhaustive Concordance of the Bible* (Peabody, MA: Hendrickson Publishers,n.d), alma (#H5315, H5314).

Atualizada da tradução João Ferreira de Almeida traduz essa palavra como "alma". No salmo 69, um clássico salmo messiânico do Cordeiro, Davi escreveu de forma profética:

> Não se decepcionem por minha causa aqueles que esperam em ti, ó Senhor, Senhor dos Exércitos! Não se frustrem por minha causa os que te buscam, ó Deus de Israel! Pois por amor a ti suporto zombaria, e a vergonha cobre-me o rosto. Sou um estrangeiro para os meus irmãos, um estranho até para os filhos da minha mãe; pois o zelo pela tua casa me consome, e os insultos daqueles que te insultam caem sobre mim. Até quando choro e jejuo, tenho que suportar zombaria (Salmos 69.6-10).

O modo bíblico de se humilhar perante Deus é pelo jejum. Há períodos em que você precisa dizer à sua alma ou ao seu "ser que respira" quem é o chefe. Precisamos disciplinar nossa alma, e uma das maneiras de fazê-lo é por meio do jejum. Quando nos humilhamos diante de Deus, recebemos sua graça e poder. O apóstolo Paulo escreveu:

> Da mesma forma, jovens, sujeitem-se aos mais velhos. Sejam todos humildes uns para com os outros, porque "Deus se opõe aos orgulhosos, mas concede graça aos humildes". Portanto, humilhem-se debaixo da poderosa mão de Deus, para que ele os exalte no tempo devido (1Pedro 5.5,6).

Se conseguirmos viver em uma atmosfera de humildade genuína e não ficarmos impacientes, então, no devido tempo Deus nos exaltará. O problema nos Estados Unidos e em muitos países é que nosso desempenho e cultura dirigida pelo prazer produzem algumas das pessoas mais impacientes do mundo. Fomos cuidadosamente ensinados a esperar gratificações instantâneas durante décadas de publicidade bem feita, marketing e propaganda de entretenimento na mídia.

Se você duvida da minha declaração, então sente-se em frente à sua televisão com um cronômetro apenas por uma noite. Rapidamente você perceberá que, em quase toda situação de comédia ou drama, a personagem principal consegue resolver os problemas da vida em apenas 30 minutos ou uma hora! (E a maioria dos problemas surge porque eles não conseguem o que desejam, do modo que desejam e com a rapidez que desejam.) Os comercias que interrompem os programas servem apenas para reforçar essa mensagem, instigando-nos a acreditar que, se comprarmos determinado produto, poderemos, instantaneamente, ter uma vida melhor. Fomos condicionados a esperar rápidos consertos que requerem pouco sacrifício pessoal ou perseverança. Bem, a vida não funciona dessa maneira. Deus diz que, se nos humilharmos, ele nos exaltará.

ELE ESCOLHEU O GAROTO ÓRFÃO HINDU

Considere novamente a promessa divina. Ele diz que nos exaltará. Essa é uma tremenda promessa daquele que nunca mente ou falha em cumprir suas promessas. Fui muito humilhado pela inexplicável graça e misericórdia do Senhor por mim. Ele me conduziu durante anos de oração e jejum, e então escolheu aquele garotinho órfão hindu, criado por uma família pobre em um lugar distante na África, para realizar milagres para pessoas de 86 países! Ele até me usou para fazer milagres em Jerusalém, apenas a alguns metros das mesmas ruas por onde Jesus andou!

Como mencionado anteriormente, toda semana conduzimos um rebanho de mais de 800 milhões de lares com o evangelho de Jesus por intermédio do nosso programa de televisão, The Watch. Regularmente, recebemos testemunhos de pessoas que receberam salvação, cura e libertação por meio desse programa. O mundo árabe está recebendo o evangelho em sua língua nativa; nosso alcance está se estendendo pela Índia e África. As nações ocidentais limitadas pelo humanismo estão sendo tocadas pelo poder sobrenatural dos milagres, sinais e maravilhas.

Quem sou eu? Por que Bonnie e eu fomos abençoados com o privilégio de ver Deus fazendo tantos milagres incríveis no nosso ministério? Com certeza, não é por nossa causa — tudo é obra divina. Posso dizer apenas: "Senhor, sua misericórdia é tão maravilhosa para com esse pequeno órfão! Obrigado, Jesus!".

Você pode *escolher* viver com humildade constante diante de Deus. Constantemente ore ao Senhor Jesus: "Senhor, quero continuar humilde. Opto pela minha humildade perante o Senhor. E eu não quero que o Senhor seja forçado a me humilhar!". É prazeroso deixar o Senhor exaltar e ungir você para sua obra. Entretanto, você nunca deve se apegar a isso. "Humilhem-se diante do Senhor, e ele os exaltará."

Uma das maiores passagens das Escrituras sobre humildade, jejum e oração está na eterna passagem do segundo livro das Crônicas: "[...] se o meu povo, que se chama pelo meu nome, se humilhar e orar, buscar a minha face e se afastar dos seus maus caminhos, dos céus o ouvirei, perdoarei o seu pecado e curarei a sua terra" (2Crônicas 7.14).

Quando a Bíblia diz: "humilhem-se", não significa que você deve usar roupas "pobres" e dizer: "Sou humilde". Ela se refere ao estilo bíblico de humilhar-se *por meio do jejum*, descrito pelo rei Davi no livro de Salmos.

Deus deseja nos *humilhar* individualmente e em grupo por meio do jejum, de acordo com o salmo 69: *orar; buscar sua face,* afastar-nos dos nossos maus caminhos ou *arrependimentos*. Pois ele, da sua parte, promete que nos *ouvirá, perdoará* nossos pecados e *curará* a nossa terra.

EMBAIXADORES DA LIBERTAÇÃO

A revelação da graça e a unção para expulsar espíritos demoníacos fazem parte da nossa comissão dada por Deus como embaixadores do evangelho e da reconciliação. Como embaixadores do Rei, onde quer que estivermos, essa parte da comissão irá conosco. A Palavra de Deus diz: "O mensageiro ímpio cai em dificuldade, *mas o enviado digno de confiança traz a cura*" (Provérbios 13.17). Sinto que o Corpo de Cristo está se movendo para um novo nível ou lugar de autoridade em grupo para expulsar espíritos demoníacos das pessoas e também da vizinhança, casas e comunidades inteiras. Espíritos demoníacos são reais e sua tarefa é atormentar a humanidade. Nossa tarefa é levar a nossa cruz diariamente e seguir a Jesus. Jesus veio para *quebrar todo jugo*.

Muitas formas de opressão e influência demoníaca produzirão a unção da palavra de ordem falada pelos cristãos cheios do Espírito. Entretanto, existem determinados obstáculos ou fortalezas demoníacas que não se quebrarão até que você associe oração ao jejum e se conecte ao *poder* do Espírito, como Jesus fazia.

Essa resistência extrema à autoridade espiritual é comumente vista em casos de embriaguez crônica, alcoolismo, dependência química, homossexualismo, bruxaria e envolvimento com ocultismo, espírito suicida, depressão, rebeldia ou ilegalidade. Geralmente, esse tipo de fortaleza está associado à praga da pobreza. Quando uma pessoa ou família está lutando com esse tipo de influência demoníaca, descobrirá que não importa quanto dinheiro ganhe, parece que suas finanças sempre pioram por uma série de acidentes, consertos de carros, crise de desemprego ou outras calamidades. Essa é uma indicação externa de que uma maldição de pobreza está em ação.

MUITOS CRISTÃOS SE SENTEM IMPOTENTES

Outra área que geralmente resiste às orações normais dos cristãos é a área de doença. Algumas doenças, como o câncer, a AIDS, a febre hemorrágica ebola, a gripe aviária e a SARS, e quase todas as formas de doença mental, levam com elas um peso paralisante de medo e invencibilidade que muitos cristãos se sentem impotentes para vencê-las por intermédio da oração. Entendo o sentimento e frustração desses cristãos; porém, também sei das Escrituras que mesmo aquelas doenças mortais e as fortalezas demoníacas *devem* dobrar seus joelhos diante da autoridade do Senhor ressurreto.

Em Milwaukee, Wisconsin, um senhor hispânico muito gentil trouxe até mim seu filho que sofria de ataques epiléticos a cada dois minutos em três (semelhante à situação que Jesus enfrentou nos evangelhos). Quando vi o garoto pela primeira vez durante aquela noite no culto, pensei que ele estivesse tentando perturbar a reunião, mas não estava. Ele estava tendo ataques. Quando o pai trouxe o garoto à frente para oração, eu sabia que seria uma daquelas situações impossíveis, que não cedem a não ser que a glória de Deus entre em cena.

Quando orei sobre a criança, precisei crer completamente em Deus porque, na verdade, eu não sabia o que aconteceria. Eu estivera orando e jejuando e quando exerci autoridade sobre aquele demônio, um odor podre, que você não imagina, encheu toda a sala de reuniões do hotel! Quando o espírito demoníaco deixou o menino, todos nós sentimos o cheiro de enxofre queimando e ovo podre, mas não nos importamos porque o menino fora curado instantaneamente! Descobri que esse menino sofria de séries constantes de ataques epiléticos, dia e noite, desde seu nascimento. Não sei como ele parava em pé ou como sua mente não havia sido destruída por causa da violência dos ataques. Tudo o que sei é que, de alguma forma, Deus protegeu o menino até o dia em que o espírito demoníaco foi expulso.

QUANDO EU NÃO TINHA FORÇA, DEUS RESSUCITOU O MORTO!

Deus "detonou" a unção para campanhas evangelísticas em massa, na minha vida, em 1985, a época mais difícil para mim e Bonnie. Ela estava grávida do nosso filho, Aaron, e teve complicações que colocavam tanto sua vida como a de nosso bebê em risco de morte. Ela estava confinada a uma cama há três meses quando, de repente, Aaron nasceu prematuro de quatro meses!

Tudo o que poderia acontecer de errado *aconteceu*. Dia após dia, batalhávamos pela vida no fraco útero de Bonnie. No meio dessa batalha intensa contra ansiedade e trevas, Deus apareceu e nos disse: "Riam, vocês têm de rir!". O que parecia ser inadequado naquele momento mostrou ser "exatamente o que o médico prescrevera". Um amigo nos emprestou algumas fitas de Bill Cosby[3] e ouvimos as suas palhaçadas hilárias todos os dias, por semanas a fio, e rimos até doer. Deus estava certo. Aquela hora gasta em risadas nos fez sentir como que respirando depois de um longo período de mergulho.

Depois de exatamente 25 semanas de gravidez, Bonnie deu à luz um menino prematuro. Demos-lhe o nome de Aaron, e ele estava morrendo. Pesava menos de um quilo. Tinha uma grave hemorragia cerebral, má-formação dos pulmões e gangrena no intestino. Os médicos disseram que talvez vivesse por algumas horas, talvez dias. Mas se vivesse, teria uma vida vegetativa. Nosso pequeno Aaron mal havia começado a vida.

Em meio àquela luta entre a vida e a morte com a enfermidade e complicações de seu nascimento, eu estava para viajar para Zâmbia e Zaire, na África, para dirigir cultos de cura e treinamentos com o irmão Derek Prince e uma equipe apostólica. Bonnie insistiu que

---

[3] Comediante norte-americano de grande sucesso, muito famoso nos anos 70 e 80. Teve uma série famosa na televisão, que retratava o dia-a-dia de sua família. [N. do T.]

eu mantivesse o compromisso na África. Eu temia que Bonnie tivesse que enterrar nosso filho sozinha enquanto estivesse fora. Deixar Bonnie e meu filho foi uma das decisões mais difíceis da minha vida. Antes de partir, lembro-me de ter ungido meu pequeno filho com óleo e de lhe ter dito: "Papai ama você e provavelmente eu não o veja novamente, mas eu lhe dou para Jesus".

O irmão Derek e eu tivemos grandes reuniões e campanhas no noroeste da província de Zâmbia, treinando 2.300 jovens pastores e evangelistas. De repente, em um dos encontros, o Espírito de Deus desceu sobre Derek e ele começou a chorar. Ele falava a respeito de equipes apostólicas e da importância de disciplinar pessoas, mas, então disse ao povo que ali estava: "Ensinei tudo o que sei ao irmão Mahesh. Deus vai ensiná-lo *mais*, e o fruto em sua vida produzirá dez vezes mais que na minha".

Comecei a chorar e ele também, e então pensei comigo mesmo: "Como pode ser isso? Não chego aos pés da habilidade para o ensino que Derek Prince tem. Essa habilidade é inteligente, ungida e incrível".

Fui sozinho de Zâmbia para Kinshasa, Zaire, dirigir uma campanha evangelística. No início da primeira noite da campanha, Deus trouxe 100 mil pessoas, e, no final da semana, perto de 360 mil pessoas haviam ido aos cultos. (O exército do Zaire estava pronto para ajudar a controlar a multidão, e documentaram o número oficial de presentes em cada culto.) Mais tarde, o irmão Derek me disse que a maior multidão que ele havia visto nos encontros do Zimbábue chegava a um décimo daquela multidão, ou seja, 36 mil pessoas; então o Senhor falou comigo e disse: "Veja o que posso fazer". Tinha certeza de que não era eu.

O poder do Espírito Santo estava lá para curar. Foi durante aquela campanha no Zaire, na atmosfera de glória, que o Senhor me deu uma palavra específica e inquietante de conhecimento durante uma das reuniões. Ainda estava com o coração pesado, carregando o fardo da minha preocupação com Bonnie e meu pequenino Aaron que estava com a vida por um fio a meio mundo dali, quando Deus decidiu me dizer claramente *que aquele seria o momento*: "Há um homem aqui *que tem um filho que faleceu essa manhã*. Chame-o. Hoje *eu vou ressuscitar seu filho!*".

Fiz o que o Senhor me disse e anunciei para a multidão — na minha frente — que Deus dissera que ali havia um homem que tinha um filho que morrera naquela manhã. Um murmúrio que se transformou em um rugido varreu a multidão, e então o intérprete disse às pessoas o restante da mensagem divina, que se aquele homem viesse à frente, ele ressuscitaria o menino da morte. Nunca me esquecerei da visão daquele homem correndo até a frente. Nem me esquecerei de como me senti naquele momento, pois sabia que não havia jeito de eu ressuscitar o menino da morte. Somente Deus poderia restaurar a vida e o fôlego ao filho daquele homem.

Conto toda a história do poder miraculoso de Deus nessa situação no meu livro *Only Love can Make a Miracle*[4] , mas eu lhe direi apenas uma coisa: Katshinyi morrera de malária cerebral às 4 horas da madrugada. Às 12 horas, Katshinyi, de 6 anos, espirrou duas vezes e levantou-se. Miraculosamente Deus o havia ressuscitado da morte! (Uma cópia da certidão de óbito de Katshinyi foi fotocopiada na minha biografia). Toda a glória desse milagre é apenas dada a Deus, naturalmente. Os sinais e fidelidade do Espírito Santo são incríveis. No mesmo instante, a unção curadora foi até o corpo de meu filho que estava morrendo na Flórida. Hoje, Aaron é um jovem saudável, brilhante e totalmente comprometido com o Senhor. Na minha fraqueza, Deus revelou sua força. Creio que tudo isso se deve ao estilo de vida de oração e jejum que o Senhor graciosamente me levou a abraçar. Creio que aqueles momentos ajudaram a "me tirar do caminho" para

---

[4] Mahesh Chavda com John Blattner, *Only Love Can Make a Miracle* (Ann Arbor, MI: Vine Books/Servant Publications,1990).

que Deus pudesse revelar sua glória sem o impedimento de minha carne. O Senhor lançou um fundamento e foi capaz de me purificar de tal maneira para que eu pudesse ouvir mais claramente o que ele estava dizendo e cooperar com ele. E, coincidentemente, havia acabado de completar um jejum de quarenta dias para essa viagem.

A chave para derrotar as fortalezas das trevas tem duas partes. Primeiro, devemos ligar o *poder* do espírito por meio da combinação de oração e jejum. Segundo, venceremos as maiores batalhas desta geração apenas quando orarmos e jejuarmos *juntos* e liberarmos o poder inacreditável do Corpo de Cristo em seus joelhos. O Senhor comissionou-me para ajudar a treinar um exército de homens e mulheres que farão as *obras* de Jesus. Uma parte indubitável das obras dele começa com *oração* e *jejum* porque essas foram as *primeiras obras de Jesus* em sua missão de destruir as obras do inimigo.

A DIFERENÇA ENTRE VITÓRIA E TRIUNFO

Quando o povo de Deus estiver sintonizado com o coração divino, ele nos advertirá e equipará antes de um plano ou ataque do inimigo vir à tona para nos ameaçar. Bem antes do Onze de setembro expor o perigo de células inimigas operararem dentro das cidades dos EUA, um dos nossos vigias do quartel general do Watch of the Lord™ teve um sonho sobre um intruso negro tentando penetrar através dos "muros da cidade" de Charlotte. Ele imaginou que o intruso já estivesse dentro e planejando ferir. Os líderes dos vigias sentiram que essa revelação era uma indução do Senhor e começaram a orar. O Espírito Santo focalizou nossas orações especificamente para ir contra uma organização terrorista de radicais Mujahid[5] que

---

[5] Aquele que segue a Jihad, que pode ser entendida como uma luta, mediante vontade pessoal, de se buscar e conquistar a fé perfeita. (Wikipédia — a enciclopédia livre: http://pt.wikipedia.org/wiki/Jihad). [N. do T.]

funcionava em Charlotte. Pedimos iluminação para toda a operação e para juntar uma força-tarefa de autoridades, a fim de se moverem e derrubarem a organização.

Um de nossos vigias, um agente federal, estava trabalhando em um caso envolvendo uma organização terrorista, mas a informação era secreta e desconhecida de todos nós, à exceção dele, naquele momento. Por estar envolvido na investigação, não lhe era permitido falar de jeito nenhum. E ele nos ouviu orando em busca das estratégias específicas necessárias para completar com sucesso a operação. Na semana seguinte, uma união e força-tarefa de aproximadamente 200 policiais, agentes do FBI e membros de três outras agências federais conduziram uma extensa operação e descobriram e fecharam uma operação interestadual que usava nossa cidade como base para levantar fundos para apoiar o terror no Oriente Médio. Os presos não sofreram nenhum arranhão. Todas as pessoas indiciadas, como resultado da operação, foram condenadas pelos crimes de que eram acusadas e a organização foi desativada.

O jejum estimula o foco de nossas orações e a precisão do discernimento quanto ao que fazer. Observe atentamente a narrativa bíblica do triunfo do rei Josafá e Judá no livro de 2Crônicas, quando os dois maiores inimigos e outras forças vieram em números incríveis conquistar Judá:

> *Alarmado, Josafá decidiu consultar o* Senhor *e proclamou um jejum em todo o reino de Judá. Reuniu-se, pois, o povo, vindo de todas as cidades de Judá para buscar a ajuda do* Senhor. Josafá levantou-se na assembleia de Judá e de Jerusalém, no templo do Senhor, na frente do pátio novo, e orou: "Senhor, Deus dos nossos antepassados, *não és tu o Deus que está nos céus? Tu dominas sobre todos os reinos do*

mundo. Força e poder estão em tuas mãos, e ninguém pode opor-se a ti. Não és tu o nosso Deus, que expulsaste os habitantes desta terra perante Israel, o teu povo, e a deste para sempre aos descendentes do teu amigo Abraão?

"Mas agora, aí estão amonitas, moabitas e habitantes dos montes de Seir, cujos territórios não permitiste que Israel invadisse quando vinha do Egito; por isso os israelitas se desviaram deles e não os destruíram. Vê agora como estão nos retribuindo, ao virem expulsar-nos da terra que nos deste por herança. Ó nosso Deus, não irás tu julgá-los? *Pois não temos força* para enfrentar esse exército imenso que vem nos atacar. *Não sabemos o que fazer, mas os nossos olhos se voltam para ti*". Todos os homens de Judá, com suas mulheres e seus filhos, até os de colo, estavam ali em pé, diante do Senhor. Então o Espírito do Senhor veio sobre Jaaziel, filho de Zacarias, neto de Benaia, bisneto de Jeiel e trineto de Matanias, levita e descendente de Asafe, no meio da assembleia. Ele disse: "Escutem, todos os que vivem em Judá e em Jerusalém e o rei Josafá! Assim lhes diz o Senhor: '*Não tenham medo nem fiquem desanimados* por causa desse exército enorme. *Pois a batalha não é de vocês, mas de Deus.*

Vocês não precisarão lutar nessa batalha. Tomem suas posições, permaneçam firmes e vejam o livramento que o Senhor lhes dará, ó Judá, ó Jerusalém. Não tenham medo nem desanimem. Saiam para enfrentá-los amanhã, e o Senhor estará com vocês'".

Josafá prostrou-se, rosto em terra, e todo o povo de Judá e de Jerusalém prostrou-se em adoração perante o Senhor. Então os levitas descendentes dos coatitas e dos coreítas levantaram-se e louvaram o Senhor, o Deus de Israel, em alta voz. De madrugada partiram para o deserto de Tecoa. Quando estavam saindo, Josafá lhes disse: "Escutem-me, Judá e povo de Jerusalém! *Tenham fé no Senhor, o seu Deus, e vocês serão sustentados; tenham fé nos profetas do Senhor, e terão a vitória*". Depois de consultar o povo, Josafá nomeou alguns homens para cantarem ao Senhor e o louvarem pelo esplendor de sua santidade, indo à frente do exército, cantando: "Deem graças ao Senhor, pois o seu amor dura para sempre". Quando começaram a cantar e a entoar louvores, o Senhor preparou emboscadas contra os homens de Amom, de Moabe e dos montes de Seir, que estavam invadindo Judá, e eles foram derrotados. Os amonitas e os moabitas atacaram os dos montes de Seir para destruí-los e aniquilá-los. Depois de massacrarem os homens de Seir, destruíram-se uns aos outros. Quando os homens de Judá foram para o lugar de onde se avista o deserto e olharam para o imenso exército, viram somente cadáveres no chão; ninguém havia escapado. Então Josafá e os seus soldados foram saquear os cadáveres e encontraram entre eles grande quantidade de equipamentos e roupas, e também objetos de valor; passaram três dias saqueando, mas havia mais do que eram capazes de levar (2Crônicas 20.3-7;10-15;17-25).

POSICIONE-SE PARA MAIS

Hoje a palavra do profeta para Judá e para a igreja é esta: *posicione-se*. Há um lugar *além da vitória* chamado *triunfo*. Vitória é a capacidade de derrotar seus inimigos. Mas triunfo vai além de uma mera vitória. Quando você triunfa, você volta da batalha com *mais do que tinha antes*! Deus quer lhe dar *mais*!

Primeiro precisamos aprender como permanecer juntos em tempos de problema e crise. Infelizmente percebi um fato triste: as pessoas que estão passando por situações dolorosas encontram mais empatia no mundo do que no Corpo de Cristo! Acredito que isso aconteça porque nos treinamos para agir mais como tubarões do que cristãos quando vemos alguém que está ferido, sangrando e se debatendo nas águas da adversidade ou fracasso. Os membros do Corpo de Cristo parecem mais determinados a atacar e cortar seus membros feridos do que correr ao seu lado com apoio, cura e correção gentil, se necessário.

O Senhor não tolerará isso na Noiva de Cristo. Temos de apoiar uns aos outros na graça e misericórdia porque estamos ligados e unidos em Cristo. Se alguém vacila, todos vacilam. Por isso, o jejum na família de Deus quer ver cada indivíduo de seu corpo abençoado. Se alguém é afetado, todos somos afetados. Então, cabe a nós permanecer juntos e dizer: "Senhor, buscamos sua face".

Há uma liberação exponencial de poder quando de modo corporativo harmonizamos nossa oração e nosso jejum para a vitória. Há alguns anos, uma família preciosa, que se mudou do Chile para fazer parte de nossa igreja, experimentou a vitória que vem com esse tipo de jejum em grupo. Seu filho, Michael, acabara de completar 8 anos quando seus professores informaram que haviam notado que ele fazia movimentos estranhos com sua cabeça durante as aulas. Seus pais passaram a observá-lo e logo ficou claro que havia um problema e que ele estava piorando. A cabeça de Michael balançava enquanto ele assistia à televisão, ele colocava a língua para fora e para dentro da boca, piscava constantemente, sem perceber apontava o dedo médio para as pessoas e grunhia repetidas vezes, até mesmo quando estava dormindo.

Michael foi diagnosticado com Síndrome de Tourette, um distúrbio sério dos nervos. Nos quatro anos seguintes, ele e sua família lutaram contra essa doença. Seu neurologista, formado pela Universidade de Harvard, conseguiu controlar sua condição com medicamento forte, mas logo o medicamento provocou tantos efeitos colaterais graves que Michael tinha dificuldades até para respirar. Uma quantidade de outros medicamentos foi da mesma forma ineficaz para refrear o progresso ou a gravidade de seus tiques. Ao final do terceiro ano, ele tinha praticamente um tique por segundo. Nessa época nós oramos por Michael e nossa igreja local cercou a família com amor, oferecendo apoio e assistência efetiva. Mas o problema persistia e sua família estava emocional e fisicamente esgotada.

No outono, Michael deveria entrar no sexto ano. A frequência de seus tiques praticamente o impossibilitou de ficar na sala de aula. Seus pais estavam prontos para tirá-lo da escola quando lhes perguntei se poderíamos colocá-lo no topo de nossa lista de oração durante um jejum em grupo de vinte e um dias. Durante três semanas, nossa igreja jejuou e pediu que Deus interviesse por

Michael. Algumas pessoas jejuaram o tempo todo. Outras fizeram turnos para pequenos períodos. Logo após o final do jejum, os pais de Michael perceberam que ele não tinha mais tiques quando estava à mesa do café da manhã. A última vez que haviam contado seus tiques na refeição familiar, ele tinha tido 54 por minuto. Agora parecia que não tinha nada. Eles observaram os sinais da doença durante vários dias, mas nunca mais viram tiques. Nada havia sido prescrito, nenhuma medicação, nenhum tratamento especial, nada além do jejum. Deus curara Michael. Há anos, Michael está totalmente bom. Ele é um ótimo aluno, um artista excelente, um jogador de futebol e basquete ativo e um voluntário em nossa igreja local. Atribuímos sua cura completa ao Senhor Jesus Cristo e ao poder do jejum em grupo.

O LUGAR SECRETO DO TRIUNFO

Qual foi a primeira coisa que o rei Josafá fez quando a crise começou? Ele proclamou um jejum, então toda a nação pôde ajoelhar-se diante da face do Senhor e orar: "Senhor, humilhe--nos". Quando nos colocamos numa posição inferior, abrimos a porta para Deus se colocar na posição superior. Certa vez, estava participando de um jejum em grupo quando alguém que ouvira a respeito do jejum, correu até mim e disse: "Pelo que você está jejuando?". Confesso que fiquei irritado com a maneira com que a pergunta foi feita. Implicitamente, ela dizia que nossa atitude no jejum era a de "exigir algo" de Deus. "Me dê isso, me dê aquilo e aquilo outro". Essa não era nossa atitude e nem deveria ser.

Quando nos humilhamos diante de Deus, nosso primeiro anseio deve ser *por ele*. Deveríamos nos humilhar para buscar sua face, não meramente o seu favor. "Queremos *o Senhor*, acima de tudo, queremos o Senhor. Queremos sua glória e sua presença."

Moisés conhecia o segredo da bênção. Quando o Senhor deu-lhe uma oportunidade de sair e ser bem-sucedido, e prometeu enviar um anjo com ele, Moisés disse: "Não tem jeito. Não iremos nem mais um passo se o Senhor não for conosco".[6]

O Senhor estava justamente esperando que Moisés lhe pedisse isso! Pois o Senhor disse: "Já arrumei as malas; estava só esperando você pedir!". O Senhor está esperando você pedir que ele se envolva na sua situação. O modo mais correto e rápido de fazer isso é *humilhar-se*, e então *posicionar-se* para o triunfo, não apenas para a vitória, de acordo com o padrão de Deus em 2Crônicas 20.12.

ESDRAS JEJUOU E PEDIU A DEUS

O profeta Esdras também enfrentou uma situação agonizante que colocou em risco um grande número de famílias. Xerxes, o rei da Pérsia, deu a Esdras presentes de ouro, prata e outras mercadorias para a restauração do templo de Jerusalém. Então, Esdras teve de liderar um grupo de famílias levitas e outras famílias de judeus devotos — e o rico tesouro de ouro e prata — pelo perigoso território sem nenhuma escolta armada. Cada passo que eles davam, distanciando-se do centro do poder de Xerxes, cada vez mais caminhavam em direção a um território perigoso e sem leis. Ao longo do caminho, muitos dos habitantes haviam sido abertamente hostis aos judeus no passado. Esdras, o sacerdote, fez algo de fundamental importância antes de começar a perigosa jornada da Babilônia para Jerusalém:

> Ali, junto ao canal de Aava, proclamei jejum para que nos humilhássemos diante do nosso Deus e lhe pedíssemos uma viagem segura para nós e nossos filhos, com todos os nossos bens. Tive vergonha de pedir soldados e cavaleiros ao rei para nos protegerem dos inimigos na estrada, pois lhe tínhamos dito: "A mão bondosa

[6] Ver Êxodo 33.1-17.

de nosso Deus está sobre todos os que
o buscam, mas o seu poder e a sua ira
são contra todos os que o abandonam"
(Esdras 8.21-22).

Esdras falou pela fé quando disse ao rei Xerxes: "Deus é forte
o suficiente para nos defender". Ele, porém, fez mais do que
falar — ele sabia que havia uma batalha espiritual envolvida.
Você não apenas diz coisas sobre Deus; você suporta essas coisas
com oração, jejum e intercessão. Isso é o que o grupo de cristãos,
chamado Igreja, foi designado para fazer. Nós temos de ser uma
oração e intercessão viva diante de Deus. E estamos ousando
dizer com Esdras: "Deus se levantará por nós". "Por isso jejuamos
e suplicamos essa bênção ao nosso Deus, e ele nos atendeu"
(Esdras 8.23).

SIGA O CAMINHO DO ARREPENDIMENTO E TRIUNFO

Todos nós temos hábitos ou padrões de pensamentos que
precisamos tratar. Temos fraquezas e pecados que parecem
nos derrotar regularmente. E, para tornar as coisas piores, sabemos
que é impossível "fingir" perante Deus e conseguir escapar dele
com isso.

Alguns de nós lutam com a depressão; outros constantemente
com um humor miserável e acessos de raiva. Quase todos os pais
com quem falei, admitiram que já tiveram momentos de acesso
de raiva sem motivo justo com seus filhos. Depois, eles sempre
"se queixam" e dizem: "Por que eu fiz isso?". Precisamos ecoar as
orações do rei Josafá de 2Crônicas e dizer ao Senhor: "Diante
deste inimigo não tenho poder algum. Eu me humilho; dê-me a
vitória". Isso libera o Senhor para nos purificar internamente a
fim de nos dar um "laxante espiritual" e nos purificar por dentro
enquanto nos humilhamos. Nossa oração constante deve ser: "Ó
Deus, onde houver iniquidade, brilhe a sua luz sobre nós para
que possamos ter comunhão com o Senhor".

6
Duas causas de baixas no ministério

Minha querida esposa, Bonnie, levantou-se para dar as boas-vindas às pessoas que estavam em uma conferência de reavivamento, e começou falando que não tinha nada de profundo para dizer. Entretanto, disse algumas coisas bem profundas que se relacionavam diretamente ao porquê de muitos ministros de Deus, que são chamados e ungidos, terem caído recentemente à margem do caminho e ao motivo de muitos sentirem-se oprimidos — embora Deus esteja se movendo pelo mundo nesse momento em uma escala nunca vista antes! Veja o que Bonnie disse:

> "Espero que você esteja como eu — estou *desesperada pelo Deus vivo* nesta hora. Descobri que há dois tipos de pessoas. Há pessoas que estão vivendo completamente absorvidas pelo estresse e pela natureza atormentada da nossa época; e há pessoas que estão vendo essa cena com certa distância e gritando: 'Meu Deus, não quero fazer parte disso'.
>
> "Espero que você esteja naquele grupo de pessoas que está dizendo: 'Senhor, há algo

mais na existência do que aquilo que vejo neste mundo!'. Gostaria de encorajar você: Deus está voltando com um poder ainda não visto. Verdadeiramente creio que estamos começando a viver um período que se assemelha à época em que Abraão enviou seus servos para encontrar uma noiva para seu filho, Isaque. Deus está derramando seu espírito de uma nova maneira.

"Gostaria de lhe dizer uma coisa: *fique desesperado por Deus. Desespere-se* e *permaneça desesperado*. E quanto mais ele tocar você, mais isso provocará a sua fome. E quanto mais ele encher você, mais sedento você ficará. E quanto mais ele derramar seu Espírito em você, mais seco você deveria perceber que na verdade está! Porque Deus é impressionante, impressionante, impressionante.

"Outro motivo pelo qual eu gostaria de encorajar você é este: temos nos tornado muito preguiçosos quanto a nos ajuntarmos a outras pessoas de Deus e ouvirmos sua Palavra, nessa cultura. Deixe-me exortá-lo e pedir que seja como Bartimeu quando jogou seu manto de mendigo. Há um manto de apatia e arrogância que está sobre nós, expresso por desculpas como: 'Está tudo bem. Posso ficar em casa aos domingos, talvez ir à igreja uma vez por mês ou nenhuma vez, talvez tenha o que preciso por meio da TV'.

"Amigos, precisamos nos envolver na presença viva do Deus vivo, com seu corpo vivo. Quero exatamente exortá-lo e pedir com você: 'Não se canse de fazer o bem. Não se canse de ir à igreja — *tenha fome.*' E quanto mais você for à igreja e sentir-se cada vez mais como se não estivesse ganhando nada com isso, mais você deveria ir. Porque você está com fome e precisa da sua presença. "Aproveite da presença do Senhor e tente ser como o cego Bartimeu. Deixe de lado todo manto, tudo que impediria você ou faria com que você permanecesse em um lugar escuro, cego ou de mendigo. E deixe sua fome gritar: 'Filho de Davi, tem misericórdia de mim!'."

A Graça de Deus é de graça, mas não é barata. A nós, custa-nos abraçá-la totalmente. Jesus estava cheio do Espírito, mas custou a ele alguma coisa para que ela retornasse no poder do Espírito. Muitos de nós estão satisfeitos com o primeiro nível de unção, porém precisamos sempre ter mais fome. O Espírito Santo deseja nos levar ao deserto para nos ensinar como segui-lo, quebrando e moldando-nos em vasos que podem carregar a unção com poder. Jejuar libera novos níveis de unção à nossa vida e ministério. É uma disciplina que testa, treina e nos equipa para caminhar no poder e autoridade, fortalecendo e transformando nosso interior para maiores níveis de sua glória.

Gostaria de focalizar duas causas de "baixas" no ministério. Esses problemas não são novos ou raros, mas aparecem continuamente, e são responsáveis por alguns dos maiores fracassos e passos errados registrados na Bíblia e na história da Igreja. Creio que muitas das baixas que vemos no ministério são causadas quando pessoas que receberam a plenitude do Espírito *são liberadas para o ministério público sem o poder do Espírito.* Ser apenas cheio do Espírito não é suficiente. Todos nós precisamos de um tempo para o período em que o Senhor vai nos ensinar e nos aperfeiçoar antes de sairmos para ajudar outras pessoas. Se você sai "com meia carga" para as coisas de Deus, então, você pode tornar-se uma baixa, e uma estatística ruim entre os mal preparados. Jesus tratou imediatamente do primeiro problema após ter curado o moço endemoninhado cuja aflição desafiou a unção delegada aos discípulos:

> Quando chegaram onde estava a multidão, um homem aproximou-se de Jesus, ajoelhou-se diante dele e disse: "Senhor, tem misericórdia do meu filho. Ele tem ataques e está sofrendo muito. Muitas vezes cai no fogo ou na água. Eu o trouxe aos teus discípulos, mas eles não puderam curá-lo". Respondeu Jesus: "Ó geração incrédula e perversa, até quando estarei com vocês? Até quando terei que suportá-los? Tragam-me o menino". Jesus repreendeu o demônio; este saiu do menino que, daquele momento em diante, ficou curado. Então os discípulos aproximaram-se de Jesus em particular e perguntaram: "Por que não conseguimos expulsá-lo?" Ele respondeu: "Porque a fé que vocês têm é pequena. Eu lhes asseguro que se vocês tiverem fé do tamanho de um grão de mostarda, poderão dizer a este monte: 'Vá daqui para lá', e ele irá. Nada lhes será impossível. Mas esta espécie só sai pela oração e pelo jejum" (Mateus 17.14-21).

Vimos anteriormente que Jesus havia comissionado esses homens. Deu-lhes autoridade para curar o doente, expulsar demônios e até mesmo ressuscitar mortos; então ele disse: "Vão". Eles foram e se defrontaram com um sólido muro de demônios que não se movia diante de sua ordem. Esse muro e obstáculo impediram os discípulos de trazer livramento e liberdade àquela família. A autoridade de Jesus ainda estava lá? Sim. Jesus havia lhes dado a autoridade legal para expulsar demônios, mas por alguma razão eles haviam encontrado um novo tipo de força demoníaca que não se submeteu ao nível da unção que tinham em sua vida.

Como resultado, seu fracasso público na derrota desse demônio trouxera reprovação em tudo o que os discípulos representavam. Imagino que mais de um dos nove discípulos remanescentes deixaram, naquele dia, o "pé do monte" começando a imaginar se haviam sido cortados da obra que Jesus lhes dera. Provavelmente, eles começaram a pensar: "Realmente, Jesus disse 'expulsar demônios?...' ". Uma vez expulsado o Demônio, Jesus e seus discípulos foram a um lugar privado onde ele lhes mostrou *duas coisas* problemáticas na vida e ministério dos discípulos:

1. *Os discípulos fracassaram por causa da falta de fé.*
2. *Os discípulos fracassaram porque existem determinadas fortalezas demoníacas que não se submetem a uma autoridade de segunda mão.*

A solução para ambos os casos está no comentário final que Jesus fez sobre a situação do espírito de epilepsia que afligia o jovem ao pé da monte. Esse comentário veio *depois* do ensino clássico do Senhor sobre o poder da "fé do tamanho de um grão de mostarda". E, pela natureza da sua declaração, ele falava sobre o poder demoníaco que não se submeteria até mesmo à "fé do tamanho de um grão de mostarda". Imediatamente depois do seu comentário sobre a fé que move montanhas, Jesus disse: "Mas, esta espécie só sai pela oração e pelo jejum" (Mateus 17.21).

Não alcançaremos certas vitórias em nossa vida ou na vida de outras pessoas, a menos que *associemos* nossa oração ao *jejum*. Ouvimos muito a respeito de oração nos últimos anos, e há muitos livros a respeito da oração que se enfileiram nas prateleiras das livrarias cristãs ao redor do mundo. Infelizmente, tem-se tido pouquíssima *proclamação viva* ou *comunicação pessoal* a respeito do jejum. Em outras palavras, poucas pessoas *fizeram isso* e deram fruto antes de escrever um livro sobre esse assunto.

Jejuar é como uma verdade escondida que foi esquecida ou propositadamente mal aplicada e ignorada pelo Corpo de Cristo nos últimos séculos. Descobri que jejuar é uma das maiores armas que Deus deu ao seu exército do final dos tempos! O objetivo de Deus para nós é ver nossas famílias livres. Ele deseja que nações e gerações inteiras venham a conhecer a salvação. Deseja ver nossas igrejas locais imersas em um genuíno reavivamento. Anseia ver nossas cidades desfrutando da salvação e redenção de maneira maravilhosa. Deseja trazer seu poder sobrenatural para curar e libertar o perdido e despertar novamente o reavivamento, não apenas nas cidades, mas em nações inteiras! Entretanto, há dois problemas principais que bloqueiam o caminho para esse tipo de visitação sobrenatural na igreja e no mundo.

FALTA DE FÉ NA IGREJA

Um dos pecados principais da igreja foi o pecado da falta de fé. Começando com os pais da Igreja, a igreja foi formada pela ideia do "ver para crer". Em vez de ser inspirada pelas verdades oferecidas na Bíblia, boa parte da igreja abraçou uma teologia que explica sua falta de poder como sinal de que a autoridade, os milagres e a libertação prometidos para nós não são para hoje. Dúvida e falta de fé são os opostos da fé. A Palavra de Deus nos adverte que "sem fé, é impossível agradar a Deus", mas você nunca saberá se cremos nisso fazendo julgamentos a partir das nossas ações.[1] Na verdade, creio que o Senhor levantou vários professores de "fé" há anos para combater esse sério deslize para o ceticismo e essa religião sem fé, fraca, como uma tendência do cristianismo. Muitas congregações na América do Norte adotaram uma "forma de religião" enquanto negavam o seu *poder.*[2] Muitos aspectos do chamado "movimento da fé" foram muito bons e saudáveis para a igreja anêmica, mas com a parte boa vieram graves excessos e obras pelas quais muitos

[1] Ver Hebreus 11.6.
[2] Ver 2Timóteo 3.5.

precisam arrepender-se. A verdade é que precisamos receber a verdade de ter fé porque somos chamados para ser um povo de fé.

Precisamos da fé mesclada com nossas obras porque este mundo e o mundo por vir são mensurados basicamente pelo *fruto*. O que fizemos para endossar nosso discurso sobre seguir a Jesus e fazer suas obras? Onde desobedecemos e onde obedecemos a Deus em nossa vida e ministério? Onde está o bom fruto da nossa árvore? Que tipo de água está fluindo das nossas fontes?

Francamente fico um pouco constrangido ao fazer tal comparação porque nos tornamos muito pequenos como pessoas, mas uma olhadela na história do comunismo neste planeta revela que essa ideologia fez um progresso assustador e cresceu demais em apenas poucas décadas! A expansão do comunismo marchou por setenta anos até que seus seguidores tivessem subjugado quase um terço do mundo sob seu domínio. O mesmo espírito anticristo está ameaçando nosso mundo hoje por meio da ascensão do terrorismo Muhajid e do efeito canceroso do humanismo secular.

Entretanto, boa parte da igreja moveu-se lentamente (ou dormiu) pelos dois mil anos em que supostamente dirigia todos os seus recursos para o cumprimento da Grande Comissão entregue pessoalmente aos seus cuidados por Jesus Cristo. Tivemos certo sucesso (se você usa uma régua pequena), mas, de fato, nunca estivemos perto do sucesso. A maior parte do progresso de espalhar o evangelho veio do trabalho da igreja do primeiro século e de pessoas-chave que experimentaram visitações divinas, pela oração e pelo jejum, que mudaram sua vida, como Martinho Lutero, os irmãos Moravian, John Wesley, George Whitefield, D. L. Moody e outros. Acho que Deus está esperando para ver o que acontece quando pararmos de esperar que "apenas alguns de fé" façam o trabalho. Ele quer ver sua *Igreja* levantar-se como um todo, um corpo completo em toda sua resplendente glória como sua noiva sem mácula. É tempo de se erguer diante do inimigo no poder do Reino de Cristo manifestado em milagres, sinais e maravilhas. Jejuar é a chave para liberar esse poder. O mundo nunca mais será o mesmo!

A realidade é que a igreja aparentemente não foi poderosa para levar vitória e liberdade à família do homem, embora a *autoridade e nome do Filho de Deus tenham sido dados para nosso uso*. Isso lhe soa familiar? Para mim é como se tivéssemos visitado outra vez a cena da multidão no pé do monte da Transfiguração! *Sofremos os mesmos problemas que atingiram os discípulos de Jesus no primeiro século.*

Fico muito feliz ao dizer que Jesus não está limitado ao que ele vê hoje. Porque ele tem o tempo em suas mãos, ele também vê o *amanhã*. Ele deu à igreja uma promessa concernente ao último grande sinal de sua vinda no evangelho de Mateus: "E este evangelho do Reino será pregado em todo o mundo como testemunho a todas as nações, e então virá o fim" (Mateus 24.14).

Incrustada nessa promessa profética está a cura que nos incomoda. A cura contém uma ordem profética, um modelo perfeito e o cumprimento de uma promessa. Somos ordenados a proclamar "este evangelho". Deus não nos deu uma ordem de escolha múltipla ou um plano-tarefa variado. Somos ungidos para proclamar "este evangelho" e "este evangelho" somente. É o mesmo evangelho abençoado que Jesus proclamou. É o mesmo evangelho que os apóstolos proclamaram, o evangelho pelo qual espontaneamente eles sacrificaram sua vida. É o mesmo evangelho que discípulos como Estêvão e Filipe de Samaria proclamaram. *Este evangelho* acompanhado de sinais e prodígios confirma a Palavra.

DEUS COLOCOU O MEU FOCO EM JESUS

Nosso modelo primário na proclamação do evangelho é Jesus Cristo. Existe outro líder que você preferiria seguir além de Jesus? Essa não é uma pergunta retórica que você não tem de responder. Se realmente crê que Jesus Cristo é Senhor e Salvador, e que ele é o primogênito Filho de Deus, então você deveria *modelar sua vida e ministério conforme Jesus Cristo* mais do que qualquer outro. Se você ousar fazer isso, então Deus ousará cumprir outra promessa de Jesus que examinamos: "Digo-lhes a verdade: Aquele que crê em mim fará também as obras que tenho realizado. Fará coisas ainda maiores do que estas, porque eu estou indo para o Pai" (João 14.12).

"Este evangelho", proclamado por Jesus e seus discípulos, foi sempre acompanhado por milagrosos sinais e maravilhas, milagres e curas. Essas coisas começaram a acontecer no meu ministério depois que Deus colocou meu foco em Jesus e no seu padrão divino de associar jejum à oração. Isso é mais importante do que nunca em nossos dias por causa das grandes nuvens humanistas de dúvidas e descrença que cobriram as nações do ocidente. A igreja é chamada e ungida para quebrar aquelas nuvens e para proclamar *este evangelho* para todas as nações com sinais e maravilhas que confirmam a Palavra de Deus.

VISÃO PROFÉTICA DO EVANGELHO E DO MUNDO

Uma razão pela qual o Senhor está movendo tão fortemente sua igreja é que qualquer grande colheita produz grande necessidade de grande capacidade de "armazenamento e processamento". Há muitos anos, o Senhor me disse: "Estou preparando você para a *China*", e senti fortemente que ele poria abaixo a "Cortina de Bambu" da China continental em nossa geração. Depois de alguns poucos anos, dirigi uma múltipla campanha evangelística em massa na ilha da nação da República da China (Taiwan). Tivemos uma das maiores multidões de sua história, e não importava o tamanho do local que alugássemos para os encontros, tínhamos de rejeitar centenas de pessoas a cada noite! Depois fiquei sabendo que alguns dos milagres vistos durante aquelas reuniões marcantes nunca haviam sido vistos na República da China. A população da República da China é apenas uma fração de toda a população chinesa; a maior parte vive no continente, que é governado pelo regime comunista, no momento em que escrevo este livro.

Aqueles encontros foram muito difíceis de ser conduzidos por causa da oposição espiritual que encontramos lá. Foram as primeiras campanhas evangelísticas "poderosas" dirigidas em Taiwan, e eu sabia que estava travando uma batalha contra deuses e deusas demoníacos que haviam sido adorados de geração em geração naquela cultura de 3 mil anos. Batalhei com um esquadrão empossado com poderes das trevas que dizia: "Olha, nós possuímos esta terra! Quem é você?". Eu vim proclamar o evangelho.

Às vezes, eu me sentia como se estivesse engajado em um intenso combate sem armas. Entretanto, Deus nos deu, de qualquer maneira, uma colheita maravilhosa. Centenas e centenas de chineses vinham à frente a cada noite, em busca de salvação, arrependidos de seus pecados e da submissão às trevas. Apesar de todo esse sucesso, o Senhor me disse: "*Você ainda não viu nada!*". Pense: o que acontece quando você injeta o poder transformador de vidas "deste evangelho" em uma nação, basicamente não evangelizada, com *1.4 bilhões de pessoas*? (para se ter uma ideia da quantidade, isso é igual a "mil milhões de pessoas" mais 400 milhões)?

Existe um movimento eclesiástico subterrâneo e próspero na China comunista hoje; mas, quando fui lá, descobri que ele é contado apenas em milhões. Isso não é nada quando comparado a "mil milhões" de pessoas. "Bem, e o comunismo?" O comunismo foi bem-sucedido no que diz respeito a apenas uma coisa: criou um vácuo espiritual intenso. Nas palavras de José: "Vocês planejaram o mal contra mim, mas Deus o tornou em bem, para que hoje fosse preservada a vida de muitos" (Gênesis 50.20).

A igreja é chamada para preencher todo o vácuo criado pelos governos totalitários e filosofias ateístas com a proclamação do evangelho confirmada por sinais, maravilhas e milagres.

Não existe outra maneira de você e eu cumprirmos nosso chamado divino senão pelo *poder* de Deus. Quando nos achamos ministrando em um lugar onde toda a atmosfera está impregnada com poderes demoníacos, precisamos mais do que autoridade delegada; precisamos andar em uma demonstração de poder na unção que vem por meio do jejum. Quando tiver de explodir a porta aberta para quebrar os portões de Satanás, então você precisará do *poder* de Deus demonstrado nos sinais e maravilhas que acompanham sua pregação da *Palavra* de Deus. Esse foi o método preferido por Deus para o evangelismo, desde o dia de Pentecostes, aproximadamente há 2 mil anos, e retornou em cada reavivamento, renovação e despertamento desde então.

Agora tenho de lhe dizer uma coisa por meio do Espírito de Deus: *o Senhor está preparando você* para participar ativamente dessa grande colheita! Isso mesmo, ele está preparando *você*. Sua igreja local também foi pré-ordenada para *envolver-se ativamente* nesse reavivamento dos últimos tempos e proclamação do evangelho. Entretanto, você ainda pode dizer "sim" ou "não" a ele.

Quando finalmente a cortina do comunismo cair e as fronteiras da China se abrirem para o evangelho proclamado, nossa tarefa será de *imediatamente* treinar *um milhão de pastores* para treinar e pastorear pelo menos esse mesmo número de novas igrejas naquele país enorme! Agora você entende por que Deus está claramente colocando juntos ministros apostólicos no final dos tempos em uma escala global? Ele não tem paciência com nossas brigas quanto à existência ou não de apóstolos, profetas e milagres. Ele deseja que essas pessoas sejam *libertas* para fazer seu trabalho, e quer que o façam *agora*. Ele deseja que você também aja de acordo com seu chamado sobrenatural, mas isso tem um preço.

Outra maneira pela qual o evangelismo do século primeiro difere grandemente dos nossos métodos "modernos" é que nenhum deles funcionou sozinho. Deus está agressivamente criando o mesmo tipo de rede de contatos por intermédio de relacionamentos divinos que ajudaram os cristãos primitivos a espalharem o evangelho pelo mundo conhecido em uma geração. Sei que, por meio da graça de Deus, consigo realizar bem determinadas coisas. Ele me deu o tipo de ministério que pode "chutar a porta aberta" em certas cidades e nações por intermédio de sinais e maravilhas sobrenaturais, mas isso é apenas uma das unções que Deus ordenou para as campanhas de evangelismo em massa. Minha tarefa é ganhar o perdido e plantar igrejas aos milhares, mas não há absolutamente nenhuma forma pessoal de pastorear aquelas igrejas ou discipular as centenas de milhares de novos cristãos que nelas existem. Isso leva para a próxima pergunta que o Espírito Santo está fazendo aos cristãos ao redor do globo: *Qual é a sua tarefa? Você está pronto para pagar o preço?*

DE VOLTA PARA A BASE UM

Deixe-me retornar ao tema do Senhor neste livro: uma das coisas que Deus está fazendo para nos preparar para que participemos do reavivamento do final dos tempos é esta: ele nos está transformando em homens e mulheres que pagarão o preço aprendendo como *orar e jejuar*. Devemos usar essa grande arma da colheita. Por isso, *não há substituto para a oração e o jejum* se realmente quisermos trazer a vitória de Cristo para a vida de nossas famílias, igrejas e nação! Quem disse isso foi Jesus, não eu. Ele disse: "Mas esta espécie [de escravidão demoníaca, opressão, obstrução e controle diabólico] só sai pela oração e pelo jejum" (Mateus 17.21; veja também Marcos 9.29).

É provável que, em algum ponto em sua vida e ministério, você tenha sido congelado ou fortemente impedido pelas barreiras. Essa coisa, seja ela o que for — um poder demoníaco, a falta de perdão ou um pecado reincidente — não sairá do lugar até que você associe suas orações ao jejum. Aprendi por meio de aplicação prática e experiência que isso é como atirar uma arma nuclear em um arsenal espiritual. Imagine que você usou granadas grandes de oração para mover uma montanha enorme de descrença, impedimentos ou obstruções demoníacas em sua vida e ministério. Quando você associar suas orações ao jejum, de repente, jogará uma bomba de hidrogênio na montanha que está bloqueando seu chamado e tarefa divina. Não estou falando a respeito de uma "pequena" diferença. Jejum aumenta a intensidade e efetividade de nossa oração no mínimo dez vezes e, frequentemente, cem vezes! Por isso, o poder secreto do jejum tornou-se um imperativo do Senhor. É uma ferramenta essencial do final dos tempos para a proclamação do evangelho às nações, com sinais e maravilhas confirmando a Palavra que pregamos.

Da mesma forma que enfrentei uma luta de vida e morte pelas almas na República da China ou na África, a igreja na América do Norte está fechada no combate sem armas aqui pela nossa nação. Estamos em uma batalha contra o humanismo secular e os esforços implacáveis do ímpio para remover todos os vestígios de Deus de nosso país e de sua história. A igreja *deve* acordar e usar as armas que Deus nos deu para reivindicar a herança que Deus destinou para a América. *Esse* não é o momento de nos sentar e olhar o desfile de Deus passar. A igreja precisa ansiar e receber o novo Pentecostes que Deus deseja derramar em nós. Em certo sentido, a igreja é a "Ester corporativa de Deus" que nasceu e chegou à maturidade "para um momento como esse".[3] Sua palavra soberana para nós é esta: "O reavivamento está à mão. Esqueça seus ferimentos e machucados passados, e perceba a visão para o seu chamado em Deus!".

Você foi chamado para fazer parte desse reavivamento, e a primeira maneira com que você pode participar é por meio da oração e do jejum. Comece intercedendo hoje pelos perdidos. Continue jejuando uma vez por semana e interceda por sua nação, orando: "Senhor, *dê-nos um reavivamento*". Minha visão é ver no mínimo um milhão de cristãos unidos em um jejum contínuo, orando diante do Rei ressurreto pela colheita das almas. O que aconteceria se cada um de nós se comprometesse a orar e jejuar no mínimo um dia por mês pelo nosso país, igreja e famílias?

O Senhor deseja que sejamos libertos no *poder* do Espírito, mas isso apenas acontecerá quando continuamente dissermos "sim"

---

[3] Ver Ester 4.14.

para a persuasão do Espírito de Deus — mesmo quando isso não nos deixar à vontade (como frequentemente acontece). É por meio desse processo que Deus remove a dúvida e descrença de nosso coração por meio do fluir purificador do seu Espírito que convence e da sua presença que cura. Simplesmente não existem atalhos para sua presença, e o caminho mais certo para a santidade, pureza e poder está na "casa de força" da combinação da oração e do jejum.

Estava bem no meio de um jejum de quarenta dias enquanto ministrava em Washington, D.C., na Câmara dos Deputados. O Senhor me visitou à noite durante o sétimo dia de minha estada em Washington. O que não percebi foi que, simultaneamente, Deus visitava Bonnie, em nossa casa na Flórida. Nós dois tivemos uma profecia para a igreja local, onde servíamos na época com o irmão Derek Prince. Quando comparei minhas anotações com as de Bonnie, descobrimos que a mensagem central das duas profecias combinava palavra por palavra! O Senhor nos disse que ele queria que a igreja local orasse e jejuasse por vinte e um dias. Recebi uma palavra adicional que dizia que deveríamos nos reunir, como corpo, das 5 horas às 7 horas, todas as manhãs, e o Senhor disse: "Se não fizerem isso, *eu me afastarei* e vocês nem mesmo saberão que eu parti".

Já tinha testemunhado muitas situações nas quais a presença do Senhor havia deixado uma congregação, mas o povo ainda estava "passando pela fase de exercícios", embora sua vida já tivesse chegado ao fim. Estávamos, como congregação, à beira disso. Todos os presbíteros concordaram que Bonnie tivera uma verdadeira palavra profética com a minha palavra adicional do Senhor sobre o ajuntamento matinal. Depois disso, convocamos a igreja para vinte e um dias de jejum[4] e pedimos que o maior

---

[4] O Senhor não espera necessariamente que cada pessoa faça um jejum de vinte e um dias, embora alguns tenham obtido graça ao fazê-lo. Os membros da igreja fizeram turnos de jejuns enquanto o Senhor lhes dava graça. Então, nos vinte e um dias de jejum, um ou mais cristãos estavam ministrando na presença de Deus em uma corrente ininterrupta de 24 horas com oração, jejum, louvor e adoração.

número de pessoas se encontrasse para oração em grupo a cada manhã, das 5 horas às 7 horas.

Eu e Derek Prince tínhamos compromissos ministeriais fora da cidade; mas, embora os dois tivessem de sair, a igreja havia planejado começar um jejum na segunda-feira seguinte. No primeiro dia do jejum, um total de *cinco pessoas* dentre 600 membros da congregação apareceram para se juntar ao grupo. No dia seguinte, apenas *duas pessoas* apareceram. Uma das duas pessoas que estavam ali naquela manhã era um homem com um grande dom profético — ele sempre viajava comigo quando eu ministrava na África. Esse homem começou a chorar quando o Espírito de Deus veio sobre ele. Ele falou à igreja durante o culto semanal de quarta-feira à noite, no dia seguinte, e disse: "O Senhor me disse: *'eu estou aqui, onde está o meu povo?'* ".

Voltei para casa na mesma noite, mas até a meia-noite ainda não sabia o que acontecera. Depois que esse homem falou ao povo, o Espírito do Senhor começou a cair sobre as crianças primeiro. Então, ele desceu sobre os adultos também. Eu sabia que alguma coisa anormal estava em ação quando minha filhinha de 4 anos, Serah, veio até meu quarto por volta das 4 horas da manhã e balançou os meus ombros. Ela disse: "Papai, acorde! Está na hora de irmos à igreja!". Agora a pequena Serah, que adorava dormir, estava ali, ao lado da minha cama, totalmente acordada e pronta para ir à igreja. Descobrimos que muitos outros pais da igreja foram acordados por seus filhos.

Bonnie me disse que, um dia após a minha viagem, ela fora acordada por uma batida bem alta na porta — *às 4 horas da madrugada*. Quando se levantou e atendeu a porta, não havia ninguém lá. Ela ajuntou nossos filhos e foi ao prédio da igreja; quando abriu a porta, a glória do Senhor era tão forte que não sentiu mais o chão! Quando a glória do Senhor desceu, todas as crianças, simultaneamente, tiveram visões. Quando o Senhor caminhava, todos sabíamos que ele estava ali, e cada pessoa conseguia ver a mesma coisa. Cento e cinquenta pessoas apareceram, depois outras 200. Estávamos mergulhados em um espírito de reavivamento, e isso era uma coisa incrível de se observar. O povo começou a se arrepender dos pecados — homens e mulheres que eram tidos como exemplos de santidade começaram a chorar incontrolavelmente e se arrepender de seu envolvimento compulsivo com pornografia e vício.

Uma das características mais marcantes dessa visitação foi nosso sentimento da presença literal de Deus pairando sobre nós quando o Senhor caminhava pelas reuniões. Tudo o que eu podia fazer era chorar numa espécie de "temor santo" porque ele estava lá com uma santidade e glória de tirar o fôlego. Nem mesmo conseguia levantar a cabeça porque eu sentia fortemente a santidade divina naquele lugar. A presença de Deus permaneceu conosco semana após semana, e estávamos experimentando um verdadeiro reavivamento — embora fosse início de 1986! Derek Prince compartilhou que, nos seus 40 anos de ministérios, nunca experimentara aquele nível da unção divina ou da presença tangível de Deus. Foi uma das experiências mais gloriosas que tivemos em grupo.

Se isso foi tão poderoso, então por que a igreja mundial não ouve nada a esse respeito como ouviu sobre a visitação de Deus em Toronto, Ontário, e Pensacola, Flórida? A resposta é que *não soubemos administrar a glória de Deus*. O Espírito Santo não nos perguntou a "maneira" de vir sobre nós. Ele escolheu soberanamente revelar-se como espírito de arrependimento, e nos chamou como povo *para o arrependimento*. O único motivo que temos para nos arrepender genuinamente diante de Deus é ter a graça do arrependimento que nos é dada pelo Santo Espírito.

Semana após semana, o Espírito de Deus descia sobre nós com uma glória impressionante e nos levava a ajoelhar em arrependimento contínuo. Entretanto, alguns líderes começaram a não se sentir à vontade com isso. Eles eram (e são) bons irmãos que amam de coração a Deus; porém, começaram a se sentir tão incomodados quanto à maneira com que o Santo Espírito nos rodeava, que quiseram "mudar". O problema era que o Espírito de Deus não queria "mudar-se" para nenhum outro lugar. Eles diziam: "O arrependimento já é suficiente. Vamos nos alegrar". Ao final, deixamos o Espírito Santo partir quando Deus ainda queria fazer uma obra mais profunda de arrependimento em nós e talvez no país todo.

Frequentemente, pensamos que Deus está satisfeito com nosso arrependimento ou obediência em uma área particular, quando seu foco não está em nós absolutamente! Às vezes, ele fica satisfeito com o nosso arrependimento no "dia 1", e quer trabalhar o arrependimento em nossa família, igreja, cidade e país, do "dia 2 até o dia 21". Então, ficamos impacientes. Queremos fazer uma festa de celebração antes que haja algo a ser celebrado! Deixamos o lugar divino da graça para nos mover para a alegria; mas como deixamos o Espírito para trás, vagarosamente a presença do Espírito que pairava sobre nós começa a desaparecer, como também a sua unção.

Todos nós que testemunhamos aquela visitação impressionante fomos afetados profundamente por anos. Ainda posso sentir o chamado da presença maravilhosa de Deus que desceu naquelas reuniões, e aprendi que não apenas precisamos aprender a "trazer a glória", como também devemos aprender a "administrar a glória" com honra, respeito e obediência, e assim ele *permanecerá* conosco.

Deus deu a João, o Batista, um "padrão de medida" para distinguir o Messias da multidão. Ele disse: "Aquele sobre quem você vir o Espírito descer e permanecer, esse é o que batiza com o Espírito Santo" (João 1.33b). Durante o movimento carismático, aprendemos a honrar a Deus e ver o Espírito Santo *descendo sobre nós* de maneira concentrada, de tempos em tempos, mas não sabíamos como encorajar sua presença a permanecer entre nós.

Eu creio que um estilo de vida com jejum e oração disciplinados (individualmente e em grupo) é um dos elementos requeridos de uma pessoa que se alegra em *permanecer* ou prolongar a presença e glória de Deus. Precisamos aprender essa lição porque, acredite, quando você é tocado pela glória de Deus, não há nada na terra comparável a ela! Acredito que faria qualquer coisa, andaria mil quilômetros de joelhos para estar próximo da glória de Deus. A chave para vencer as duas grandes baixas no ministério é intimidade nascida da fome e entrega pessoal por meio da oração e do jejum.

7

Flechas de dor, flechas de triunfo

Existe um custo que acompanha o chamado e a unção divina. Quando finalmente reconhecemos que nossa vida não é nossa e que fomos comprados por um preço, então tudo muda. Começamos a sentir a urgência de Deus nos movendo inexoravelmente para uma parte especial dos campos de colheita.

Lembro-me da grande urgência que senti quando ministrava para centenas de milhares de pessoas na África Central onde o vírus HIV infectou mais de um em quatro adultos e um número incontável de crianças! Em algumas cidades da região, mais de sete em cada dez grávidas haviam tido resultado positivo para testes de HIV e provavelmente passariam a enfermidade fatal a seus bebês durante a gestação, nascimento ou amamentação.[1]

---

[1] Lawrence K. Altman, "Parts of Africa Showing H.I.V. in 1 in 4 adults", New York Times on the Web, 24 de junho de 1998; citando estatísticas das análises mais recentes de country-by-country dirigida pelo dr. Bernard Schwartlander, epidemologista da Nacões Unidas. O resultado desse estudo foi anunciado pelo dr. Peter Piot, diretor do programa de AIDS das Nações Unidas, em 23 de junho de 1998, antes da Conferência Internacional sobre AIDS.

Muitas daquelas pessoas estavam morrendo, e o Espírito me pressionou quanto à urgência de pregar-lhes o evangelho da vida antes que a delas chegasse ao fim. Na época em que escrevo este livro, HIV/AIDS é a principal causa de morte na África e 6.500 africanos morrem a cada dia.[2]

Quando a paixão de Deus flui com tanta força em direção ao perdido e ao ferido, seus servos devem, às vezes, tomar algumas decisões difíceis e fechar o coração a fim de obedecer a seu Senhor. Isso aconteceu com muitos servos de Deus durante os séculos; aconteceu comigo enquanto dirigia as cinco campanhas evangelísticas na ilha de Taiwan, na República da China.

Os líderes cristãos de Taiwan me disseram que, se as igrejas do país vissem duas pessoas virem ao Senhor em um ano, haveria uma grande celebração. Estávamos vendo centenas delas vindo ao Senhor a cada noite durante aquelas reuniões! Embora a batalha espiritual nos céus fosse uma das mais intensas que já testemunhara em minha vida, ainda estávamos vendo a colheita sendo ajuntada de maneira milagrosa.

Bem no meio dessa vitória gloriosa e demonstração do poder de Deus, recebi um telefonema devastador. Meu irmão mais velho estava seriamente doente. Ele nunca se casara, e literalmente sacrificara sua carreira e vida para tomar conta de minha mãe e educar minha irmãzinha e eu, depois do falecimento de meu pai. Ele havia se derramado por nós.

Eu havia orado pelo meu irmão há dois anos e meio, logo depois que ele ficou seriamente doente pela primeira vez, e Deus o tinha milagrosamente sustentado e levantado. Desta vez, ele estava à beira da morte, em Londres, Inglaterra, e tudo o que eu podia fazer era me comunicar por telefone com o outro lado do

---

[2] Anne PENKETH, "AIDS and a lost generation: Children raising children" (AIDS e uma geração perdida: crianças criando crianças). *The Independent Online Edition, 14 de julho de 2006.*

mundo. Queria tê-lo em meus braços e dizer que o amava. Queria dizer: "Obrigado por cuidar de mim tão fielmente". Tudo o que podia fazer era continuar, apesar das dificuldades. As campanhas que eu conduzia haviam sido anunciadas por um ano e meio. Centenas de pessoas estavam vindo de avião de Singapura e Hong Kong. Milhares de chineses estavam sendo salvos no processo — pessoas que nunca haviam ouvido o evangelho com poder. Então recebi a notícia de que meu irmão havia falecido.

CONFLITO DO DEVER

Venho de uma tradição que diz que quando uma pessoa da família morre, todo homem deve ir ao funeral — especialmente o filho mais velho que estiver vivo. Liguei da República da China para minha mãe, em Londres, e ela disse: "Querido, nunca lhe pedi nada. Venha estar com seu irmão".

Se eu fosse a Londres para o funeral, teria de cancelar no mínimo cinco noites: duas para a viagem de Taiwan para Londres, uma noite em Londres e mais duas para voltar para Taiwan. Entretanto, centenas de almas perdidas estavam sendo salvas a *cada noite*. Minha mãe estava me pedindo para honrar o homem que abriu mão de tudo por mim, e era um pedido legítimo por um motivo muito importante. Se eu o atendesse, porém, centenas, e talvez milhares, de almas provavelmente estariam perdidas para sempre. (Veja, o Senhor está nos levando ao ponto em que temos de fazer escolhas difíceis que desafiam algumas das maiores prioridades de nossa vida.)

Tive de ligar para minha mãe e dizer: "Mãe, amo você, mas tenho de responder ao chamado do Senhor". Fiquei na China e não fui ao funeral de meu precioso irmão. Mal consigo lhe dizer como me doeu fazer aquele telefonema e pregar, apesar de minha dor. Mas a glória de Deus desceu com uma nova medida naquela noite e depois em cada reunião, e nós vimos centenas de pessoas salvas cada noite. Eu sei que verei cada uma delas nos céus, mas tive de fazer uma escolha difícil naquela noite em Taiwan.

Deus está levando todos nós para uma jornada que será difícil, que nos forçará a fazer escolhas difíceis que girarão em torno da questão: "Quem eu amo mais?". A dor indescritível que senti quando fiz aquela escolha estendeu-se e permaneceu comigo por algum tempo. Amo profundamente minha mãe e a respeito, e não há palavras para descrever o amor, gratidão e respeito que tenho por meu irmão. No entanto, tinha de responder ao chamado de Deus e levar luz àqueles que estavam em trevas.

UMA PALAVRA DE JESUS

A dor daquela decisão me perturbou até que o Senhor veio a mim com uma palavra que me curou gloriosamente. *Só é necessário uma palavra do Senhor para levar embora toda lágrima e dor do seu coração.* Você sabe o que ele me disse? Ele disse: "Mahesh, você está fazendo a minha obra. Porque você não pôde ir, *eu fui*". Se ele foi, então você sabe o que isso significa? Ele pegou meu irmão pela mão e disse: "Vamos!". Eu levara meu irmão ao Senhor há alguns anos, então sabia que ele era salvo. E o próprio Jesus veio pessoalmente levar meu irmão à presença do Pai!

A Bíblia nos retrata como soldados e guerreiros no exército de Deus. Como um soldado sob o comando divino, talvez você encontre determinadas coisas em sua vida que entrem em conflito com o chamado de Deus para ela. Se você der essas coisas a Deus e obedecer a seu chamado, então ele pessoalmente cuidará das coisas de que você abriu mão para obedecer a seu comando.

Como o Senhor dos senhores e Rei dos reis descrito por João no livro do Apocalipse, Jesus é o mesmo ontem, *hoje* e eternamente.[3] Ele está pronto para vingar seu povo, Israel, e sua

---

[3] Ver Apocalipse 19.11-16; Hebreus 13.8.

Igreja, com a espada de sua boca e nos levar a uma vitória total e iminente; entretanto, primeiro devemos aprender dois pré-requisitos da vitória em cada batalha:

1. Devemos lançar fora todo pecado e impureza em nossa vida, por meio do seu sangue.
2. Devemos obedecer a cada comando e seguir cada estratégia que o Senhor nos dá sem desvio ou hesitação pelo temor.

Se você recorresse aos livros históricos e várias formas de mídia, você acabaria com uma lista bem grande de problemas, calamidades e obstáculos que se apresentam a nós nesta geração. Eu sei que sua lista incluiria fortalezas demoníacas como aborto, uso excessivo de drogas e as doutrinas sedutoras da Nova Era e do humanismo universal que corrompem as mentes e instituições de cada país ocidental do planeta. Essas coisas são demoníacas na origem e destruidoras entre a humanidade e até mesmo dentro da igreja.

A resposta a essas influências está em Cristo e em sua igreja. Não importa quantos principados e poderes da maldade ameaçam destruir a justiça neste país e levar cativas nossas cidades, Deus tem uma resposta. Jesus revelou essa resposta na oração do sumo sacerdote no evangelho de João. É a glória de Deus revelada em nós.

Jesus nos deu a mesma comissão que capacitou e dirigiu sua missão inicial para nos redimir. Sua chamada é nossa chamada; apenas ele já terminou a obra da cruz. Agora é nosso trabalho levar as boas-novas ao mundo. Você tem o desejo de observar o jejum modelo de Deus descrito pelo profeta Isaías? Deus está nos comissionando como seu exército do final dos tempos com uma declaração antiga de guerra:

> O Espírito do Soberano, o Senhor, está sobre mim, porque o Senhor ungiu-me para levar boas notícias aos pobres.

Enviou-me para cuidar dos que estão com o coração quebrantado, anunciar liberdade aos cativos e libertação das trevas aos prisioneiros, para proclamar o ano da bondade do Senhor e o dia da vingança do nosso Deus; para consolar todos os que andam tristes, e dar a todos os que choram em Sião uma bela coroa em vez de cinzas, o óleo da alegria em vez de pranto, e um manto de louvor em vez de espírito deprimido. Eles serão chamados carvalhos de justiça, plantio do Senhor, para manifestação da sua glória. Eles reconstruirão as velhas ruínas e restaurarão os antigos escombros; renovarão as cidades arruinadas que têm sido devastadas de geração em geração. Gente de fora vai pastorear os rebanhos de vocês; estrangeiros trabalharão em seus campos e vinhas. Mas vocês serão chamados sacerdotes do Senhor, ministros do nosso Deus. Vocês se alimentarão das riquezas das nações, e do que era o orgulho delas vocês se orgulharão (Isaías 61.1-6).

RECONSTRUINDO AS RUÍNAS ANTIGAS

Esse nível de chamada divina demanda uma mudança sobrenatural em nossos valores, direção e foco na vida. Se os valores de uma pessoa ainda são carnais, então você sabe que ela ainda não foi tocada pela glória de Deus. João, o revelador, teve uma experiência com Deus que mudou sua vida; as coisas que ele viu em sua visão dos céus ainda estão nos afetando hoje!

Algo acontece com as pessoas quando se encontram com o Deus vivo. Chamo isso de "vício glorioso". Uma vez que João viu a glória de Deus, ele ficou viciado. Uma vez que Moisés viu a glória de Deus, ele ficou viciado. Uma vez que Paulo viu a glória de Deus, ele ficou viciado. Cada um desses homens trouxe uma parte da glória, governo e poder de Deus dos céus de volta à terra com eles. Uma vez que você provar o celestial, nada na terra poderá chegar perto de satisfazer sua fome e sede pelo celeste.

Creio que de certo modo é mais fácil vir a Jesus como um completo pagão e experimentar sua glória do que crescer na igreja e buscar provar essa glória. Não raro, pessoas que passaram anos em uma igreja começam a considerar a glória como certa. Repetidamente, os cristãos respondem aos relatos do derramamento da glória de Deus nas reuniões como algo normal: "Ah, eu conheço isso. Já ouvi falar a esse respeito toda a minha vida". Digo a eles: "Não, você não compreende. Você está falando sobre 'ouvir falar' ou 'saber a respeito' de algo histórico ou de algum acontecimento. Você *não o conhece* e não provou a maravilha da sua glória!".

Esse é o problema. Eu era um hindu quando, de repente, Deus apareceu para mim em uma visão do céu. Ele abalou minha alma e mente, transportou-me em um momento da completa escuridão para a completa luz quando tive uma visão de Jesus, cujo brilho era maior que 10 mil sóis. Quando, na manhã seguinte, eu finalmente acordei, estava completamente cativo por Jesus!

Quando cheguei pela primeira vez na América do Norte, e comecei a frequentar uma faculdade bíblica e uma igreja tradicionais, as pessoas não conseguiam entender por que eu era tão fanático por Jesus! Elas diziam: "Você precisa ter calma. Isso vai passar". Eles se compadeciam de mim porque eu era apenas um pagão recém-salvo (se eles não fossem bondosos, teriam mandando-me embora bem antes do que fizeram). Com o passar do tempo, porém, comecei a morrer por dentro. Apatia, dúvida e descrença começaram a drenar minha vida. Encalhara em um lugar em que o espírito de religião negava seu poder.

De início, eu quase me sentia envergonhado porque não tinha grande tradição na igreja. Logo descobri que não estaria perdendo nada se a medida-padrão fosse a vida e a fé da maioria dos cristãos "históricos". Eu tenho grande consideração pela verdadeira herança espiritual de famílias que tiveram um relacionamento pessoal e completo com Jesus. A maioria dos cristãos, porém, "herda" apenas uma forma de religião que parece determinada a negar o *poder* de Cristo e sua glória. Entretanto, *essa* não é uma herança a ser apreciada. É uma enfermidade que necessita de cura.

Deus oferece instrução em Efésios 6.10, para a qual esse exército do final dos tempos precisa atentar:

> Finalmente, fortaleçam-se no Senhor e no seu forte poder. Vistam toda a armadura de Deus, para poderem ficar firmes contra as ciladas do Diabo, pois a nossa luta não é contra seres humanos, mas contra os poderes e autoridades, contra os dominadores deste mundo de trevas, contra as forças espirituais do mal nas regiões celestiais. Por isso, vistam toda a armadura de Deus, para que possam resistir no dia mau e permanecer inabaláveis, depois de terem feito tudo. Assim, mantenham-se firmes, cingindo-se com o cinto da verdade, vestindo a couraça da justiça e tendo os pés calçados com a prontidão do evangelho da paz. Além disso, usem o escudo da fé, com o qual vocês poderão apagar todas as setas inflamadas do Maligno. Usem o capacete da salvação e

a espada do Espírito, que é a palavra de Deus. Orem no Espírito em todas as ocasiões, com toda oração e súplica; tendo isso em mente, estejam atentos e perseverem na oração por todos os santos (Efésios 6.10-18).

Vai lhe custar *conhecer Deus* e ver sua glória. Como Paulo, você terá de sacrificar todo seu conhecimento e tornar-se como uma criança diante dele. Você terá de assinar o próprio atestado de óbito na cruz da obediência e, diariamente, submeter sua vida, agenda, suas prioridades em oração e jejum. Então, quando você confiar nele e despir-se de seus "trapos imundos de justiça e credenciais religiosos", Deus lhe dará sua justiça e "novas credenciais" que têm tudo a ver com sua presença e nada a ver com a aprovação e prazer do homem.

Durante o período em que o Senhor me chamou para observar um jejum de quarenta dias, era algumas vezes tocado pela glória de Deus. Naqueles momentos quando estava consciente, não queria mais viver. Na verdade eu queria morrer a fim de poder estar com ele. Em um instante sua glória transformou meus valores e percepção de vida. Embora eu tenha fé para crer em Deus para ter uma Mercedes nova ou uma casa, prefiro focalizar minha fé e energia em ver 100 mil pessoas vindo para Jesus em *uma só noite*!

Bênçãos materiais e suprimento são bons, mas meu coração foi transformado pela glória de Deus. Anelo por ele, anseio pela sua presença e cresci para amar e desejar as coisas que meu Mestre ama e deseja. Quando somos tocados pela glória de Deus, as coisas da terra ficam instantaneamente pequenas demais em comparação com essa glória. Quanto mais perto chegamos dele, mais nós morremos. Quanto mais nós morremos, mais semelhantes a ele nos tornamos. Isso foi o que Paulo quis dizer quando falou: "[...] refletindo a glória do Senhor, somos transformados de glória em glória [...]".[4] Se você não estiver no Espírito, não conseguirá ver as coisas de Deus e experimentar sua glória. Se você pagar o preço para buscar sua face em oração e jejum, então experimentará uma vida de transformação quando literalmente se apoiar na *força do Senhor* e no *poder* de seu poder! Essa é a *única* maneira de lutar o bom combate da fé.

NÃO RECUE DURANTE O CONFLITO

Na época da guerra do golfo, líderes mundiais e cristãos viram muitos exemplos do que acontece quando reinos estão em conflito. Durante os dias finais da batalha, os líderes mundiais discutiram sobre se a máquina militar de Saddam Hussein deveria ou não ser aniquilada ou apenas expulsa do Kuwait. Alguns disseram que Hussein deveria ser tratado como qualquer soberano, uma vez que ele estava em seu território; e assim foi feito. As forças aliadas da força-tarefa da Tempestade no Deserto recuaram, mas, quase que imediatamente, quando ficou evidente que Hussein mentira sobre seu vasto arsenal de armas nucleares e biológicas,[5] os líderes norte-americanos lamentaram a decisão de retirar-se pouco antes de derrubar Bagdá.

Agora, dez anos depois, nosso exército está lutando no Iraque novamente porque eles não ficaram um dia a mais. O general H. Norman Schwarzkopf, comandante das forças aliadas na Tempestade no Deserto, disse que suas forças precisavam de mais um dia para entrar na capital do Iraque, Bagdá, e derrubar o império de Hussein. Em vez disso, receberam ordem para recuar. Agora a situação está se repetindo. A oposição e a violência na luta para criar um Iraque livre levaram muitos a dizer que estava na hora de "dar o fora". Eles estavam satisfeitos com a derrota

---

[4] Ver 2Coríntios 3.18 (*AEC*).

[5] Dados referentes à pesquisa do autor em 1998. [N. do E.]

parcial do inimigo e não queriam fazer o sacrifício necessário para garantir uma vitória completa. Os acontecimentos no Iraque espelham a atitude de muitos cristãos concernente à batalha espiritual. Uma vez que a crise imediata é resolvida ou quando a oposição parece grande demais, nós recuamos em vez de perseverarmos até o fim. Deus quer nos dar a vitória, mas também desenvolver a capacidade e a força que vêm ao aprendermos a perseverar na batalha. Vemos essa questão claramente nos fatos que aconteceram há quase 2.800 anos.

> Ora, Eliseu estava sofrendo da doença da qual morreria. Então Jeoás, rei de Israel, foi visitá-lo e, curvado sobre ele, chorou gritando: "Meu pai! Meu pai! Tu és como os carros e os cavaleiros de Israel!" E Eliseu lhe disse: "Traga um arco e algumas flechas", e ele assim fez. "Pegue o arco em suas mãos", disse ao rei de Israel. Quando pegou, Eliseu pôs suas mãos sobre as mãos do rei e lhe disse: "Abra a janela que dá para o leste e atire". O rei o fez, e Eliseu declarou: *Esta é a flecha da vitória do* SENHOR, a flecha da vitória sobre a Síria! *Você destruirá totalmente os arameus, em Afeque*". Em seguida Eliseu mandou o rei pegar as flechas e *golpear o chão. Ele golpeou o chão três vezes e parou*. O homem de Deus ficou irado com ele e disse: "*Você deveria ter golpeado o chão cinco ou seis vezes; assim iria derrotar a Síria e a destruiria completamente*. Mas agora você a vencerá somente três vezes" (2Reis 13.14-19).

Deus garante a vitória pela palavra de seu servo, mas está claro que ele espera uma resposta do rei: fé e perseverança na batalha. Se você quer saber como alcançar vitória na esfera do Espírito, aprenda a lição de Jeoás e nunca pare até que a vitória total seja sua em Cristo. Nosso Deus nos deu algumas "flechas" poderosas ou componentes de vitória, e precisamos impressionar a terra com elas até que a vitória total seja nossa. Desenvolver um estilo de vida de oração e jejum dá oportunidade ao Espírito Santo de moldar essa determinação e fé em nosso espírito.

OITO FLECHAS DA VITÓRIA DE DEUS

1. Seja cheio do Santo Espírito. ("Mas receberão poder quando o Espírito Santo descer sobre vocês, e serão minhas testemunhas em Jerusalém, em toda a Judeia e Samaria, e até os confins da terra" — Atos 1.8.)

2. Escolha sua batalha. Então busque a direção de Deus para saber como entrar na batalha espiritual agressiva. ("Davi perguntou ao Senhor: 'Devo atacar os filisteus? Tu os entregarás nas minhas mãos?' O Senhor lhe respondeu: 'Vá, eu os entregarei nas suas mãos'" — 2Samuel 5.19.)

3. Analise o custo e comprometa-se com a vitória completa. ("Ou, qual é o rei que, pretendendo sair à guerra contra outro rei, primeiro não se assenta e pensa se com dez mil homens é capaz de enfrentar aquele que vem contra ele com vinte mil? Se não for capaz, enviará uma delegação, enquanto o outro ainda está longe, e pedirá um acordo de paz. Da mesma forma, qualquer de vocês que não renunciar a tudo o que possui não pode ser meu discípulo" — Lucas 14.31-33.)

4. Seja sóbrio. Nem derrotas momentâneas e nem o sucesso devem ser capazes de fazê-lo baixar a guarda e retroceder. ("Por isso, vistam toda a armadura de Deus, para que possam

resistir no dia mau e permanecer inabaláveis, depois de terem feito tudo" — Efésios 6.13.)

5. Tenha o objetivo de ganhar a batalha. Não permita que a falta de coragem ou as distrações dissipem seu compromisso de ganhar. ("Portanto, meus amados irmãos, mantenham-se firmes, e que nada os abale. Sejam sempre dedicados à obra do Senhor, pois vocês sabem que, no Senhor, o trabalho de vocês não será inútil" — 1Coríntios 15.58.)

6. Não permita que obstáculos inesperados o forcem a retroceder. ("Jesus respondeu: 'Ninguém que põe a mão no arado e olha para trás é apto para o Reino de Deus'" — Lucas 9.62.)

7. Seja agradecido. Já que a batalha está ganha, agradeça a Deus e o louve pela vitória. ("Mas graças a Deus, que nos dá a vitória por meio de nosso Senhor Jesus Cristo" — 1Coríntios 15.57.)

8. Seja vigilante. Guarde a vitória até que "a região esteja estável" ("Estejam alertas e vigiem. O Diabo, o inimigo de vocês, anda ao redor como leão, rugindo e procurando a quem possa devorar" — 1Pedro 5.8.)

Essas oito "flechas" podem servir como nossa aljava de poder para a vitória. No Reino de Deus, devemos compreender claramente que nosso inimigo, o Diabo, *anda ao redor como leão, rugindo e procurando a quem possa devorar.*[6] Nossos objetivos devem sempre ser claros e determinados. E assim nossa fé e recursos divinos sempre suprirão a força de que precisamos.

Recordo-me novamente dos anos negros da II Grande Guerra Mundial, quando os grandes exércitos se reuniram pela causa do bem e do mal, e tanto o Ocidente quanto o Oriente discordaram

---

[6] Ver 1Pedro 5.8.

quanto ao domínio do globo. Em meio ao conflito global vimos grandes líderes se levantarem. Alguns foram inspirados pela encarnação do mal ao proporem o objetivo demoníaco de aniquilarem os judeus e imporem seu domínio sujo a toda nação que alcançassem. Outros homens de propósitos mais nobres foram colocados pelo *plano divino* para evitar o perigo. Seu nascimento em sua geração demandou uma resposta no corpo, alma e espírito para resistir ao aumento do mal naquele dia. Como cristãos, o fato é que nesta época atual somos nós quem devemos dar toda a atenção e obediência ao propósito de Deus em nossos dias.

Por meio daquele conflito, a tenacidade e devoção à vitória do general americano George Patton inspirou e facilitou algumas das maiores vitórias dos aliados contra o Terceiro Império de Adolf Hitler. O general Patton era conhecido por ser cruel quando buscava seus objetivos. Quando chegou o momento de pegar o inimigo, Patton queria ter certeza de que ele e seus homens *estavam na brecha* — mesmo que suas reservas de suprimentos estivessem sempre diminuindo diante do rápido avanço da linha de frente de suas colunas de veículos motorizados.

O general Patton fez um grande discurso pela coragem, quando pediu a atenção de suas tropas antes que elas prendessem o inimigo, sabendo bem que muitos deles seriam chamados para fazer o sacrifício máximo perdendo sua vida ou membros do corpo em troca da libertação de outros. Esta é a paráfrase do discurso do general Patton:

> Homens, um dia quando seus netos subirem em seu colo e olharem para você e perguntarem: "Querido vovô, o que você fez na guerra mundial?", você não terá de abaixar sua cabeça envergonhado e dizer: "Estava adubando a terra em Louisiana". Você poderá olhar para ele e

dizer: "Querido, eu estava bem no meio da batalha quando as nações do mundo estavam penduradas por um fio!".[7]

Hoje, Deus está preparando sua igreja e reunindo suas "águias" para a guerra. Ele está concentrando suas tropas diante do derramar de uma onda satânica. Será como ele previu pelos profetas do Antigo Testamento: seu grande derramar do Santo Espírito sobre toda carne inundará a terra com sua glória e lavará todo o mal diante dela.

O grande exército divino está sendo preparado para "pegar a presa" derrubando as fortalezas de resistência maléficas sobrenaturais que estão segurando a humanidade na escravidão do terror, pecado e enfermidade por todo o mundo. Devemos desenvolver perseverança, tenacidade e permanecer pacientes, se quisermos ter sucesso na batalha. Acima de tudo, não devemos recuar, desistir, dar as costas até que tenhamos destruído totalmente as obras do inimigo. Recebemos uma promessa de vitória; entretanto, Deus está esperando que nós possuamos os portões do inimigo para destruí-lo completamente.

Finalmente, precisamos atentar para a admoestação da Palavra de Deus quanto a nossa fé nos tempos de conflito, dificuldade e decisões difíceis:

> Por isso, não abram mão da confiança que vocês têm; ela será ricamente recompensada. Vocês precisam perseverar, de modo que, quando tiverem feito a vontade de Deus, recebam o que ele prometeu; pois em breve, muito em breve "Aquele que

---

[7] Parafraseado de Ladislas Farago, *Patton: Ordeal and Triumph* (Londres: Barker, 1966).

vem virá, e não demorará. Mas o meu justo viverá pela fé. E, se retroceder, não me agradarei dele." Nós, porém, não somos dos que retrocedem e são destruídos, mas dos que creem e são salvos (Hebreus 10.35-39).

A vida de fé e obediência a Cristo nos trará flechas de dor bem como de vitória. Essa é a vida de um soldado de Jesus; porém, a recompensa nessa vida e na vida futura é além da medida. Chegue-se a ele e peça graça suficiente para hoje. Você e eu não estamos sozinhos no caminhar da fé. Há outros que se foram antes de nós, e sua vida brilha como exemplo glorioso da fidelidade e poder de Deus sobre todas as coisas.

8
Pioneiros da oração e os fatos relativos ao jejum

Para irritação de alguns e prazer de outros, as disciplinas religiosas da oração e do jejum aparecem em cada canto e brecha da Palavra de Deus e na história da igreja. E onde quer que encontre oração e jejum, você encontrará vitória em meio às dificuldades e milagres que invadem o impossível e a intervenção sobrenatural permanentemente contrariando as intenções naturais. Em outras palavras, Deus tem a tendência de evidenciar sua glória e poder onde e quando seu povo se propuser a orar e jejuar diante dele.

Ester, a virgem judia que foi escolhida para substituir Vasti como rainha da Pérsia e esposa do rei Xerxes, chamou todos os judeus que estavam sob o domínio persa para se juntar a ela num solene jejum. Ela se absteve de toda comida e água durante três dias porque a vida de seu povo estava por um fio (ver Ester 4.16).

A *fiel Ana*, uma viúva com aproximadamente 84 anos que literalmente vivia no templo, devotou sua vida à oração e ao jejum diante de Deus. Mesmo naqueles anos mais difíceis, ela foi reconhecida e honrada como profetiza. Como é muito comum com pessoas cuja vida é permeada pela disciplina da oração e do jejum, Ana destacou-se, assim como o ancião Simeão, que profetizou sobre o infante Jesus.

Tanto Ana quanto Simeão viveram conforme o tempo e direção divina; seus passos foram literalmente estabelecidos pelo Senhor. Para Ana, os mais de oitenta anos de caminhar com Deus culminaram no momento em que ela olhou para a face do Deus encarnado e, imediatamente, começou a proclamar a verdade a respeito do Filho escolhido de Deus. Como aquela mulher pôde chegar diante de estranhos e de repente saber que estava olhando para o Filho de Deus? Ela nunca deixou a casa de Deus, e constantemente *servia a Deus* com *jejum e oração* dia e noite (ver Lucas 2.37). Diferentemente de Ana, a maioria de nós está tão ocupada com as questões da vida que a realidade de Jesus fica cada vez mais obscurecida. *Precisamos ver Jesus de novo.* Evidentemente, Ana viu Jesus porque jejuou e orou. Essas coisas também nos ajudarão a ver Jesus mais claramente.

Cornélio era um centurião romano que comandava um grupo de soldados romanos chamado "pelotão italiano", e ele era um adorador devoto de Deus também. Embora não fosse judeu, orava constantemente ao Senhor, e sua paixão e seu grande favor aos pobres lhe haviam proporcionado uma boa reputação entre os judeus de sua região. Ele teve a visita de anjos e recebeu a ordem de procurar Pedro, o apóstolo. Quando Pedro se encontrou com Cornélio, o oficial gentio disse a ele:

> "Há quatro dias eu estava em minha casa orando a esta hora, às três horas da tarde. De repente, colocou-se diante de mim um homem com roupas resplandecentes e disse: 'Cornélio, Deus ouviu sua oração e lembrou-se de suas esmolas'." (Atos 10.30,31).

Talvez não tenha sido por acidente que Cornélio, o primeiro gentio convertido a Cristo, fosse um romano. Deus rapidamente demonstrou que sua graça salvadora estendeu-se até para as duas principais raças envolvidas na crucificação do seu Filho e, portanto, para todas as raças, tribos e línguas. É significativo que Cornélio estivesse constantemente orando a Deus, e não foi por acidente que ele recebeu uma visitação sobrenatural quando *jejuava e orava* diante do Senhor.

Foi para esse homem, que praticava a disciplina da oração e do jejum em sua busca por mais de Deus, que o mistério do evangelho que *salva toda a humanidade* independente de raça, cor, cultura ou sexo foi pregado primeiro. Porque Cornélio estava orando e jejuando *por mais* é que Deus o escolheu e à sua casa para serem os primeiros no reino gentio a receber o batismo no Espírito Santo com a evidência do falar em línguas. A moral da história é simples: se você quiser a unção, ore e jejue.

O *apóstolo Paulo* e todos os 276 passageiros gentios, que embarcaram de Alexandria (Egito) em direção a Roma, observaram um jejum de catorze dias completos, de acordo com Atos, capítulo 27. Quando Júlio, o centurião romano responsável por Paulo, foi persuadido a navegar contra o conselho do apóstolo, o navio quase foi destruído por uma tempestade. O que salvou a vida daquelas pessoas foi apenas sua obediência ao conselho de Paulo, dirigido pelo Espírito. No contexto do registro bíblico, fica claro que foi a oração e o jejum de Paulo diante de Deus que salvou todas aquelas vidas e persuadiu o centurião romano a desafiar o procedimento romano militar padrão.

O jejum solitário de Daniel e sua longa oração diante de Deus literalmente salvaram sua nação e frustraram os principados demoníacos que procuravam impedir os propósitos de Deus para Israel.

Esdras, o profeta, jejuou diante de Deus quando enfrentou uma tarefa impossível e uma situação impossível.

Jesus, é claro, jejuou por quarenta dias e venceu a tentação do inimigo antes de seguir adiante *no poder do Espírito* para lançar seu ministério e sacrificar sua vida por todas as pessoas.

Davi jejuou muitas vezes em sua vida, quando Deus o transformou e o transportou da obscuridade de uma vida de pastor de ovelhas nos campos de seu pai para o trono de Israel e Judá, como o maior rei depois de Jesus Cristo, o Rei dos reis.

O jejum está em toda a Bíblia. Ele sempre parece ficar evidente quando uma pessoa comum precisa de um poder extraordinário, provisão e perseverança para vencer os impossíveis, os inimigos ou os obstáculos mais estranhos.

Na história, o reavivamento aparece quando as pessoas buscam a Deus por meio da oração e do jejum. O primeiro movimento missionário mundial começou no século primeiro, em Atos 13. Qual era o contexto para essa explosão do Reino? Como a igreja *orou e jejuou*, Deus os enviou.

Você também descobrirá que *Policarpo*, no ano 110, conclamou os cristãos a jejuarem para que pudessem vencer as tentações. *Tertuliano* também defendeu o jejum, no ano 210, como um grande objetivo da religião. *Martinho Lutero*, o reformador, também jejuava. Quando ele trabalhou com os manuscritos antigos para traduzir as Escrituras para a língua alemã, associou seu trabalho com oração e muito jejum. Não é surpresa que a tradução de Martinho Lutero seja uma das mais precisas e inspiradoras versões bíblicas que já recebemos. Quando estive na Alemanha, algumas pessoas leram a Bíblia para mim e traduziram palavra por palavra para o inglês; foi algo muito especial. *João Calvino* também jejuava regularmente, assim como *John Knox*.

Praticamente todos os grandes evangelistas oraram e jejuaram. *Charles Finney* escreveu em sua biografia que, frequentemente, jejuava em particular. Ele disse que, quando a bateria do Espírito Santo se descarregava, quando sentia a unção do Espírito enfraquecida, imediatamente fazia um jejum de três dias, e sempre terminava esses jejuns sentindo-se recarregado.

Deixe-me descrever os resultados daquela "bateria carregada". Quando Charles Finney entrava em uma cidade e começava suas reuniões, as pessoas que adentravam as fronteiras e limites daquela cidade começavam a chorar porque um espírito de arrependimento caía sobre elas. Quando Finney entrava em um armazém, as pessoas daquela fábrica morriam no Espírito onde estavam, fossem elas santas ou pecadoras. Esses fatos estão registrados nos jornais e revistas da época. A presença de Deus estava com Finney com tamanho poder, que as pessoas vinham e eram salvas.

Quando *Jonathan Edwards* pregou seu famoso sermão "Pecadores nas mãos de um Deus irado", as pessoas do auditório disseram que sentiram o chão se abrir e revelar as profundezas do inferno, fazendo com que clamassem a Deus por misericórdia e perdão. Edward associou seu preparo à oração com jejum.

John Wesley acreditava firmemente no jejum, e jejuava todas as quartas e sextas-feiras. Ele era tão convencido de que jejuar deveria ser uma parte obrigatória no estilo de vida de um ministro, que disse a todos os seus candidatos ao ministério que eles deveriam comprometer-se a orar e jejuar toda quarta e sexta-feira, se quisessem ministrar com ele, evangelizar ou pastorear uma igreja fundada por intermédio daquele movimento. Ele se tornou tão poderoso em sua pregação, que se transformou na primeira voz no grande despertamento e reavivamento na Inglaterra e nos Estados Unidos. Alguns historiadores dizem que a carnificina e o sofrimento da Revolução Francesa que se espalhou rapidamente para o resto da Europa poderia facilmente ter se espalhado também para a Inglaterra — não fosse a pregação de Wesley. E Wesley deu muito crédito do poder e fruto de seu ministério à disciplina do jejum diante do Senhor.

O grande pregador e mestre, *Charles Haddon Spurgeon,* encorajou vigorosamente o jejum, como fez o missionário americano com os indianos, *David Brainard. Rees Howells*, um grande intercessor, regularmente associava jejum com oração.

Sadhu Sundar Singh era um *sikh* e um devoto hindu "Sadhu", ou um homem santo, que se converteu após ter tido uma visão de Cristo. Dedicou sua vida para espalhar o evangelho e tornou--se conhecido como o "Santo Paulo da Índia e do Tibet". Ele tentou observar um jejum de quarenta dias porque Jesus tinha feito isso no deserto. Embora não tenha conseguido completar todo o tempo do jejum, ele disse que a experiência fortalecera seu espírito, permitindo que superasse todas as dúvidas, ira e impaciência. Logo depois desse jejum, ele se aventurou a ir para a fortaleza budista do Nepal para pregar o evangelho.

O jejum era uma prática comum entre os grandes líderes durante toda a história da igreja, e é exigido e esperado de nós por Jesus Cristo. Não jejuamos para ganhar alguma coisa; jejuamos para nos conectar com nosso Deus sobrenatural. Estamos limpando o canal que nos conecta com a unção divina. Esse canal fica corroído pelo curso normal da vida nesse mundo decaído, e a melhor maneira de limpar nosso sistema espiritual da corrosão do pecado e do mundo é por meio da oração e do jejum. Quando os médicos precisam controlar uma bactéria perigosa em especial, que infecta seus pacientes, frequentemente aplicam uma dose de dois complementos, mas com antibióticos diferentes, de uma só vez para acabar totalmente com a bactéria. O tratamento antibacteriano duplo de Deus para os germes que assaltam nosso corpo é a oração associada ao jejum.

Deixe-me dar outra breve lista dos *benefícios do jejum* antes de ir para o lado prático do jejum:

Quando você jejua:

1. *Você está se humilhando*.
2. *Você verá as prioridades da vida mais claramente*. O reino de Deus se tornará o primeiro na sua vida e os valores da vida ficarão claros para você. (Como Maria, você será capaz de escolher a "boa parte" e deixar de lado a ruim — veja Lucas 10.42).
3. *Você perceberá o equilíbrio nas áreas de sua vida onde existe o desequilíbrio*.

4. *Sua ambição egoísta e orgulho começarão a se dissipar.* Você começará a valorizar e, na verdade, apreciar as coisas que Deus lhe deu. Você dirá: "Ah, o ar é maravilhoso! É tão bom estar vivo!". Em vez de reclamar: "Serei feliz apenas se tiver um Mercedes-Benz". Você perceberá um prazer mais intenso pela sua família e pelas coisas básicas e simples da vida como a comida, a casa e uma boa saúde. Uma coisa é certa: depois de jejuar, da próxima vez que comer feijão com arroz você dirá: "Jesus, muito obrigado!".

5. *Você será mais sensível ao Espírito de Deus, e os nove dons do Santo Espírito trabalharão de modo mais efetivo em sua vida.* As coisas ficarão mais claras para você.

6. *Suas áreas escondidas de fraqueza e suscetibilidade emergirão na superfície para que Deus trabalhe com elas.* Lembro-me da época em que estava no décimo quinto dia de uma série de jejuns e dirigia para Fort Launderdale, na Flórida; época em que os habitantes locais a chamavam de "Yankee season". Esse termo foi inventado para descrever a multidão de turistas que descem para aquela região vindos dos estados do norte e particularmente do litoral leste. Eles dirigem como se estivessem em uma cidade grande, populosa e com maneiras rudes e gestos obscenos (os gestos não tinham semelhança nenhuma com o sinal "Jesus, o único caminho"). Estava jejuando quando um motorista que achava que eu não estava dirigindo rápido o suficiente fez "aquele" sinal para mim. Uma coisa subiu dentro de mim e eu comecei a dizer coisas que *nunca dissera antes!* Fiquei tão envergonhado, que disse: "Deus! Pensei que eu fosse um homem de Deus. Eu me arrependo, não queria ter dito tais coisas". E parecia que o Senhor ria quando me fez saber: "Estou purificando você". Quando você jejuar, descobrirá que os bolsinhos de ira e amargura, ou outro lixo qualquer, que Deus deseja limpar, subirão à superfície. Não censure esse lixo durante

o jejum e diga: "Quando jejuo, sempre fico nervoso". Deus está purificando você. É uma oportunidade para que os venenos do físico e da alma saiam de seu sistema. Apenas os entregue ao Senhor.

7. *Deus fará de você uma pessoa menos egoísta.* Uma das coisas de que mais precisamos é o domínio próprio. Jejuar ajudará você a ter domínio próprio.

A PALAVRA DE DEUS SOBRE O JEJUM

O legalismo e certa ignorância das Escrituras têm obscurecido a disciplina bíblica do jejum para muitos cristãos. Deus deseja dissipar todo o mistério e irradiar sua luz nessa ferramenta simples e poderosa que leva ao triunfo. A maioria dos problemas das pessoas com o jejum tem a ver com o legalismo e com o conceito rígido do que é ou não um jejum. Muitas pessoas pensam que, se não jejuarem por quarenta dias, como fez Jesus, não são espirituais. Se esse fosse o caso, poucas pessoas poderiam ser chamadas de "espirituais", no Reino, desde os dias em que Jesus andou sobre a terra. Deus nunca pediu para a maioria das pessoas jejuarem quarenta dias, e ninguém deveria se sentir culpado quanto a isso.

Quando você fala sobre jejuar, algumas pessoas pensam em um jejum completo. Na cabeça delas, a única maneira de jejuar é abster-se de todo líquido e comida. Na realidade, esse tipo de jejum é o mais raro de todos os jejuns, mesmo na Bíblia! Na área do jejum, como em muitas outras, esta promessa bíblica é verdadeira: "E conhecerão a verdade, e a verdade os libertará" (João 8.32).

A seguir estão as perguntas que mais eu recebo quanto à prática do jejum e da oração:

Quanto tempo é suficiente?

Encorajo você a jejuar um dia por semana, se puder. Tente fazer, se possível, um jejum que beba apenas água, a menos que tenha algum problema físico. Se for difícil demais (por exemplo, talvez você trabalhe num escritório ou em um ambiente onde é difícil manter seu ritmo de trabalho apenas com um jejum que beba água), então beba suco de frutas e de vegetais. Comece à noite, após o jantar, e jejue até o dia seguinte. Ou, se você tiver a graça, jejue o dia todo e pare depois de um dia inteiro, no café da manhã do dia seguinte. Faça do jejum uma parte regular de sua vida e permita que o Senhor trabalhe com as áreas que o impedem de cumprir seu destino nele.

Por que me sinto tão mal quando jejuo, se jejuar é tão bom?

Quase todos experimentam certos efeitos colaterais desagradáveis quando começam a jejuar. Talvez sinta uma dor de cabeça ou um pouco de náuseas, no começo. Isso acontece porque há venenos acumulados e armazenados em seu corpo que são purgados quando finalmente você libera seu intestino e estômago (esse é um fato científico). Até mesmo autoridades de saúde seculares dizem que um dia de jejum por semana é muito saudável para o corpo humano — mas também, às vezes, é desagradável.

O jejum vai curar alguma coisa?

O jejum não é um remédio. Ele *trará* a vitória para você na esfera espiritual, mas não significa que você pode jejuar e continuar *pecando*! Se alguém que está adulterando jejua e clama a Deus: "Senhor, liberte-me!", mas ainda comete adultério, aquela pessoa não viverá em vitória. Você tem de se arrepender de seus pecados antes que seja liberto deles. Jejuar não é um remédio divino; é uma arma.

Nunca jejue para impressionar outras pessoas

Como mencionei anteriormente, o Senhor me levou a fazer 30 jejuns de quarenta dias durante dezoito anos. Durante aquele tempo, *o Senhor não permitiu que eu ensinasse sobre o assunto* ou falasse sobre meu estilo de vida. As únicas pessoas que sabiam que eu jejuava eram minha esposa e aqueles que "precisavam saber" por terem algum tipo de associação comigo. No décimo oitavo ano de jejum, o Senhor disse: "Agora você pode compartilhar esses jejuns e contar para os outros". E até mesmo nessa época eu deveria compartilhar tais coisas apenas para ajudar a levantar um exército do final dos tempos do povo que *jejuará e orará* para que *façam as obras de Jesus* e *sejam vitoriosos* na terra. Mas nunca fui autorizado pelo Senhor a usar minha experiência do jejum como sinal de honra para dizer: "Olhem, não sou espiritual?". Se você quer obedecer ao Senhor e começar a incorporar um jejum regular à sua vida, então faça-o do modo mais secreto possível.

E, se num momento de fraqueza, eu quebrar o jejum?

Fraqueza faz parte natural da disciplina do jejum. Na verdade, esse é o lugar exato que desejamos que nosso corpo e carne estejam. Entretanto, ele pode dificultar as coisas no trabalho e em casa, algumas vezes. As primeiras 19 vezes que fiz um jejum de quarenta dias, só tomava água. Na época em que tinha um fardo pastoral muito pesado para carregar, eu me sentia fraco durante o dia. No sexto ou sétimo dia eu tomava um copo de suco de cenoura. Seis ou sete dias depois, tomava outro copo de suco de cenoura, apenas para aumentar o nível da minha força por um tempo. (Um jejum de quarenta dias é um jejum extremamente rigoroso que deveria ser feito apenas pela direção e intermédio da graça divina.)

Quando fiz meu primeiro jejum de quarenta dias, em 1974, conforme a direção do Senhor, ainda era solteiro e morava num apartamento em Levelland, Texas, e estava servindo como pastor sênior de uma igreja naquela região. Adoro batatinha *chips*, mesmo sabendo que elas não são boas para mim. Cometi o erro de comprar um enorme pacote das minhas batatas favoritas exatamente antes de começar o jejum. Todas as manhãs, depois que comecei o jejum, levantava e ia até a cozinha só para ver aquelas *chips* me chamando: "Hello, Mahesh. Como você está?

Estamos aqui. Estamos esperando você. Mahesh, estamos tão sozinhas — e somos tão gostosas!".

Comecei a ranger os dentes e continuei o jejum. O problema era que todo dia o apelo daquelas batatinhas solitárias crescia mais desesperadamente, "Estamos aqui. Crocantes. Salgadinhas". Censurei-as, tive autoridade sobre elas e as confinei; *mas não as expulsei*. No décimo oitavo dia do jejum, eu quebrei o jejum! Corri para a cozinha, peguei aquele enorme saco de batata frita e o rasguei. Devorei cada batatinha ali mesmo na cozinha. Então me virei para o Senhor e disse: "Senhor, sou um homem perverso. Perdoe-me Senhor". E dali em diante continuei com o jejum e terminei os quarenta dias.

Uma senhora me perguntou uma vez depois que compartilhei essa história: "Você começou o jejum tudo de novo?". Eu disse: "Está brincando?!". Estou compartilhando isso porque quero que você se lembre que Deus tem senso de humor. Se você estabelecer sua visão em um jejum de três dias, mas se conseguir fazer um dia e meio porque "seguiu" as placas do McDonald's ou Burger King que enxergou "numa visão", não se aborreça demais. Você fez muito e Deus se agrada do desejo do seu coração, por querer mais dele.

DIFERENTES TIPOS DE JEJUNS

A maioria das pessoas fica maravilhada ao aprender quantos tipos diferentes de jejum existem na Bíblia e quantas variações únicas Deus deu aos cristãos na era moderna para realizar a mesma coisa! Esse conhecimento pode retirar muito do mistério e frustração que muitos sentem quanto ao tópico e à disciplina do jejum.

1. O *jejum completo* refere-se a um jejum total em que você não come e nem bebe nada. O tempo máximo para esse tipo de jejum é de três dias e três noites. Se você ficar mais tempo do que isso sem água (somente na presença literal de Deus), você enfrentará sérios riscos de saúde, incluindo

prejuízo permanente de seus principais órgãos internos, e as células de seu corpo começarão a desfalecer rapidamente. O *jejum completo* está descrito em Esdras 8.21; 10.6 (foi o profeta Esdras quem chamou as pessoas e proclamou o jejum) e em Ester 4.16 (a rainha Ester e os judeus de Susã fizeram o jejum).[1] O jejum de três dias é um jejum de desespero, um jejum total de fome e urgência da presença de Deus em cena. Foi esse jejum que Ester usou para trazer salvação à sua nação e a si mesma.

2. O *jejum normal,* que Jesus observou no deserto, envolve total abstenção de comida, mas com ingestão regular de água. (Quando faço jejum, uso aquele tempo para purificar meu sistema; então tomo água destilada. Essa é uma das melhores maneiras de expulsar os venenos de seu corpo. Talvez você queira colocar suco de limão na água destilada para aumentar o efeito purificador.) Se jejuar mais do que três dias e quiser ganhar um pouco de força, coloque um pouco de mel na água. Talvez prefira um chá, mas recomendo que evite beber muita cafeína como chá ou café.

3. O *jejum rápido de Daniel* ou *jejum parcial* é o que eu recomendaria, se você nunca fez um jejum antes. O jejum mais conhecido entre os jejuns do Antigo Testamento é o jejum de Daniel. Ele descreve um de seus jejuns, em Daniel 10.2,3: "Naquela ocasião eu, Daniel, passei três semanas chorando. Não comi nada saboroso; carne e vinho nem provei; e não usei nenhuma essência aromática, até se passarem as três semanas". Daniel agradou e honrou o Senhor quando observou seu jejum. Ele não comeu "nada

---

[1] Há um precedente bíblico para um jejum sobrenatural de quarenta dias sem comida e sem *água*. Entretanto, esse jejum foi conduzido por Moisés, na presença literal da glória do Senhor. Esse tipo de jejum pode ser fatal, se feito sob qualquer outra circunstância.

saboroso"; porém, em vez disso comeu vegetais e bebeu água. Em 1Reis 17, vemos Elias fazendo um jejum parcial de bolos feitos de trigo e azeite. João Batista foi especialmente criativo em seu jejum parcial. Ele comia apenas gafanhotos e mel silvestre, de acordo com Mateus 3.4. Deus honrará um jejum parcial tanto quanto honrará um jejum total ou completo. Esse jejum é o ideal para pessoas com determinados tipos de condições físicas como diabetes, hipoglicemia e anemia. É muito prático para pessoas que devem trabalhar com o físico ou com a mente enquanto fazem o jejum.

4. O *jejum em grupo* ou *corporativo* é o tipo de jejum que desviou a ira divina da cidade pecadora de Nínive, nos dias de Jonas. Milhares de anos mais tarde, o impacto desse jejum ainda é evidente nos dias modernos de Nínive. É o tipo de jejum que Esdras proclamou, bem como o proclamado pela rainha Ester. O rei Josafá chamou Judá para jejuar (veja 2Crônicas 20), e o profeta Joel chamou todo o povo de Israel também. Um jejum em grupo é como uma bomba nuclear espiritual, altamente efetiva para quebrar as fortalezas do inimigo.

COISAS A SE EVITAR

Quando você está tomando suco de frutas, evite os sucos ácidos como laranja ou abacaxi porque podem agredir seu estômago. Se estiver tomando suco de laranja, dilua-o em uma proporção de um para cinco: faça um quinto do suco e encha o copo com água destilada, a fim de deixá-lo suave. Suco de maçã é bom, mas cuidado para não sobrecarregar o seu sistema com açúcar — mesmo na forma natural de fruta. Na minha experiência, isso pode enfraquecer sua força e fazer com que você sinta fome. Por isso, deve-se diluí-lo. Se você estiver fazendo um jejum verdadeiro, acredite, seu corpo vai apreciar até mesmo as pequenas alimentações. Agora, talvez, você diga: "Poxa, para que diluir?". Mas bem no meio de um longo jejum, coloque quatro colheres de sopa de suco de maça em um copo de água, e seu corpo sentirá um alívio.

Elimine carnes e sobremesas. Haverá momentos em que você sentirá o desejo de comer apenas frutas, nozes e vegetais. Haverá momentos quando estiver em jejum que, como marido e esposa, talvez tenham de combinar de absterem-se de relação sexual. Também é saudável que não assistamos à televisão da mesma forma que não comemos durante o jejum. Gaste tempo com a Palavra e a oração. É bem prático.

VOCÊ PODE JEJUAR POR MAIS DE UMA COISA?

Se você tem muitas necessidades em sua família ou igreja, talvez seja necessário jejuar e orar por elas de uma só vez. Faça uma lista com suas preocupações ou necessidades e ofereça-a ao Senhor em oração. Outra questão que ouço frequentemente é: "Como você gasta seu tempo durante o jejum?". Existem lugares em que você não está apenas jejuando, mas você *se transforma* em jejum. Você quase se torna um com o jejum. Se você pode orar, então ore. Se você não pode orar, então se torne jejum diante do Senhor porque você está vivendo essa verdade. E quando for hora de orar, ore.

Outras vezes, o Senhor lhe dará seu tema para o jejum. O Senhor dará o tema aos pastores para jejuns de toda a igreja. Um momento pode ser o arrependimento, e outro momento pode ser o evangelismo quando toda igreja ora e jejua pelas almas. Nunca me esquecerei da época em que o Senhor me deu um tema muito especial para um jejum individual. Meu pai faleceu quando eu tinha apenas 5 anos de idade e aquilo deixou um vazio profundo em meu coração. O Senhor me disse: "Quero revelar a você minha paternidade e eu me tornarei um pai para você". Todo o tema daquele jejum de quarenta dias, em particular, foi a paternidade de Deus, e isso trouxe grande paz, conforto e realização para mim em uma área muito importante.

RESPEITE SEU CORPO QUANDO JEJUAR

Há momentos e períodos nos quais nos sentimos fracos durante um jejum, e é muito importante que você respeite seu corpo. Não abuse de seu corpo; respeite-o. Meu corpo já levou o evangelho às regiões remotas da África e trouxe centenas de milhares para Jesus porque é um corpo saudável. Se eu tivesse feito mau uso do meu corpo durante aqueles anos de jejum, não teria sido capaz de ter ido àqueles lugares. Quando o jejum é feito com sabedoria e cuidado, ele é uma bênção para seu corpo porque permite que seu sistema digestivo descanse e elimine resíduos venenosos e toxinas.

Como você respeita seu corpo durante um jejum? Se você se sente fisicamente fraco depois de diversos dias de jejum, sente-se e descanse um pouco. Se você tiver de percorrer muitos quilômetros um dia antes de começar um jejum, Deus *pode* lhe dar a graça para fazer isso quando você jejuar. Entretanto, se você se sentir fraco demais para continuar o trajeto por causa do jejum, respeite seu corpo e espere até terminar o jejum para retomar sua agenda.

Uma das coisas mais importantes que fazemos durante o jejum é dizer ao nosso corpo "quem é o patrão". Quando seu corpo gritar: "*Estou com fome*", sua tarefa é dizer com firmeza: "*Cale a boca*". Entretanto, não seja cruel com seu corpo. Respeite-o e uma vez subjugado, ele servirá a você, bem como aos propósitos do Senhor.

A VERDADE QUE FAZ A DIFERENÇA

Gostaria de mencionar algo que é muito importante quando se faz um jejum e ora-se por algo específico ou milagre. Durante uma enorme conferência na Nigéria, para 4 mil pastores, eu disse: "Vou lhes dizer uma verdade que vai libertá-los. Ela fará total diferença em seu ministério". Eles começaram a imaginar o que poderia ser; então, eu disse: "*Vocês não são Deus*". Sei que essa verdade soa muito simples e óbvia, mas, se atentarem para ela com cuidado, serão ajudados a se lembrar de que vocês *não têm as responsabilidades de Deus*. Existem determinadas coisas que não compreendo. Por exemplo: eu não sei por que todas as pessoas não são curadas quando oram crendo em nome de Jesus, mas encontrei paz na verdade revelada em Deuteronômio 29.29: "As coisas encobertas pertencem ao Senhor, o nosso Deus, mas as reveladas pertencem a nós e aos nossos filhos para sempre [...]".

COMECE PEQUENO — VÁ PROGREDINDO PARA JEJUNS MAIS LONGOS AOS POUCOS

Derek Prince foi um dos meus principais professores, e ele me ensinou muito durante nossas viagens e ministério conjuntos. Ele partilhou comigo que o jejum mais longo que fez naquela época foi um jejum contínuo de catorze dias. Eu poderia comparar aquele jejum com o jejum de quarenta dias que acabara? Não. Derek Prince era um dos ministros mais ungidos do mundo, e tinha uma vida disciplinada de jejum. Ele e sua esposa jejuavam todas as quartas-feiras do ano e, no final do ano, haviam completado cinquenta e dois dias de jejum. Estou compartilhando isso para mostrar que a disciplina do jejum é flexível e focalizada na intimidade com Deus, não em uma versão dirigida de *performance* rasa de "gastar seu tempo" com Deus.

Deus lhe dará a disciplina para responder a seu chamado ao jejum, mas *comece com moderação*. Não comece imediatamente com um jejum de vinte e um ou de quarenta dias. É bíblico fazer um jejum de um dia. No dia do *Yom Kippur*, o dia da Reconciliação judaica, os filhos de Israel observavam um jejum de um dia. Já olhamos o jejum de três dias feito pela rainha Ester e por Esdras. Daniel também fez um jejum de três dias bem como seu jejum parcial mais conhecido de vinte e um dias (ver Daniel 10.2,3). O jejum mais longo de quarenta dias foi observado por Jesus, Elias e Moisés.

Se você planeja fazer um jejum e tem um problema médico como diabetes, está tomando remédios, está grávida ou amamentando, encorajo você a consultar um médico antes de fazer o jejum. Em geral, entretanto, todos podem fazer um dia de jejum, sem comida e bebendo água ou sucos de fruta ou vegetais. Você também é livre para fazer um acordo de limitar sua alimentação e ingerir apenas uma salada no dia do jejum ou comer apenas lentilhas ou vegetais. Existe um grande valor em cada um desses tipos de jejuns porque você está colocando o Senhor e as coisas do seu Reino em primeiro lugar, e os apetites de seu corpo, em segundo.

O QUE ESPERAR

Eu já discuti os primeiros sintomas que a maioria das pessoas experimenta durante os primeiros dias de um jejum: dor de cabeça, náuseas, algumas vezes tontura e tensão no pescoço. Uma boa notícia é que, depois que você consegue ultrapassar a barreira dos três primeiros dias, você começa a se sentir muito bem! Quando estiver no quarto ou quinto dia, atingirá um espírito de calmaria. Você descobrirá que não vai querer comer, mas logo que o jejum terminar, você sentirá fome novamente. Então, você precisará aprender como terminar adequadamente o jejum, de maneira segura.

Encorajo-o a ter um tempo disciplinado de leitura bíblica e oração durante o jejum, porque você também descobrirá que o Diabo tentará atacar você naquele momento. Ele odeia quando os cristãos jejuam e oram, e a batalha espiritual pode, às vezes, ficar intensa; mas existe vitória à frente da situação. Geralmente, Satanás nos ataca, durante o jejum, na esfera mental na forma de depressão que se manifesta num sentimento de opressão. Somente ore em direção à vitória. Não diga: "Ai, o que está acontecendo comigo? Estou aqui buscando o Senhor e estou deprimido". Apenas tenha autoridade sobre o espírito do Diabo que o está atacando. Espere por ataques espirituais porque você está cometendo um ato de agressão contra o reino do Diabo quando jejua. Ele tentará atacar; mas simplesmente amarre as coisas que ele enviou para o seu caminho. Lute contra elas.

OS FILHOS E O JEJUM

Temos a experiência de que filhos podem participar em jejuns moderados conforme eles aprendem e crescem na fé. Nossa igreja local jejua em grupo regularmente. Essa prática tem proporcionado uma excelente oportunidade de disciplinar nossos filhos nessa graça. Em uma cultura em que o jejum faz parte regular da vida espiritual, os filhos ficam ansiosos para participar da comunidade. Do mesmo modo que a nutrição e a alimentação são importantes para o crescimento das crianças, há inúmeras maneiras que elas podem encontrar para caminhar nessa disciplina de humildade, obediência e autossacrifício. Elas podem escolher jejuar da televisão, filmes ou videogames. Outras podem optar por não comer sobremesas ou sanduíches. Fiquei emocionado ao ouvir um garotinho de 8 anos perguntando se poderia guardar seus *cookies*, servidos no lanche da igreja para as crianças, porque ele estava jejuando de sobremesas como parte do nosso jejum corporativo que terminaria no dia seguinte. Ele não estava limitado pela religião ou legalismo, mas estava entusiasmado e levou a sério sua parte no muro da oração e do jejum de nossa igreja. Ele entendeu que fazia parte integral de nosso corpo da igreja.

Descobrimos que muitas famílias também tinham um testemunho de poder e unidade ao participarem de jejuns familiares. Outros têm uma rotina de jejum em família, com seus filhos, que é tão natural para eles quanto escovar os dentes e ler a Bíblia. Uma família da nossa igreja vai separar uma noite por semana para fazer jejuns corporativos mais longos. Em vez de jantar, eles vão gastar um tempo louvando e orando ao Senhor. Cada um tem uma oração específica e, no final, eles têm comunhão. Durante um jejum familiar, seu filho de 6 anos de idade perguntou: "Esta noite é a noite em que teremos comunhão no jantar?". As crianças gostam muito disso, pois o Senhor as visita de modo especial.

Quando os filhos ficam mais velhos, eles têm um entendimento maior do significado do jejum e podem começar a escolher quando e como querem jejuar. Quando uma das nossas famílias precisou dar uma parada nos negócios, eles mencionaram aos filhos que estavam orando sobre o assunto. Mais tarde, sua filha de 11 anos aproximou-se de sua mãe e lhe perguntou: "O papai ainda está precisando de novos empregados?". Então continuou: "Você poderia me explicar novamente o jejum de Daniel?". Sua mãe lhe disse que era um jejum de carne e sobremesas. Sua filha disse: "Bem, na verdade eu não gosto muito de carne, mas adoro queijo. Provavelmente eu deva jejuar de queijo também. Vou fazer o jejum de Daniel de três dias pelo papai, para que ele arrume os funcionários de que precisa". Imediatamente após o jejum, seu pai arrumou o número exato de funcionários de que precisava. O resultado do jejum de sua filha foi inconfundível!

Incluir as crianças no jejum não é apenas um ritual, mas uma oportunidade de ensinar-lhes o poder exponencial do jejum com o propósito de passar sua verdade à próxima geração. Nossos filhos estão recebendo uma revelação da graça e vendo o testemunho do poder que surge quando nos humilhamos diante do Senhor em obediência à sua Palavra.

TERMINE O JEJUM COM SABEDORIA

Exercite sabedoria ao quebrar o jejum. Isso é especialmente importante se você for quebrar um jejum de sete dias ou mais. Novamente, eu insisto que trate de seu corpo com cuidado e com respeito. Frequentemente, ouço pessoas falarem durante os jejuns corporativos: "Quando terminar este jejum, quero comer o maior bife do mundo e um prato bem grande de arroz e feijão". Se você fizer isso, vai agredir o corpo. Quando você terminar um jejum bem longo, faça-o gradualmente. A arte verdadeira de jejuar com sabedoria é saber como *começar* e como *terminar* um jejum. Eu recomendo que você limite sua primeira alimentação a pequenas porções de frutas, saladas, caldos de vegetais ou iogurtes. Depois de um tempo você aprenderá qual é a melhor coisa para seu corpo ao concluir um jejum.

Agora devemos continuar e examinar o poder incrível do jejum corporativo e seu papel no grande reavivamento do final dos tempos.

9
Jejum corporativo e reavivamento do final dos tempos

O clima austero que temos visto assolar o globo durante as últimas décadas nos dá uma visão profética das mudanças que estão acontecendo na esfera celestial. Grandes tempestades na natureza podem ser um sinal de aumento de atividade na esfera espiritual. Talvez elas também façam parte das "dores de parto" da terra como um preparo para a aparição de Jesus.[1]

O Senhor quer reconhecer todos aqueles que têm sido fortes e continuam a exercitar sua fé em meio a tempestades. Quando Pearl Harbor foi bombardeada pelas forças aéreas japonesas em um ataque-surpresa, eles deixaram a frota americana cambaleando! A resposta americana a esse ataque foi o envio de forças para dominar o inimigo *na raiz*!

No passado, os intercessores que obedeceram ao chamado do Senhor para orar determinaram-se a não abandonar a luta. Esses guerreiros de oração estão pressionando com oposição e

[1] Ver Romanos 8.22,23.

recuperando do inimigo nossa herança divina. Como muitos recrutas das forças armada da nossa nação, que pensavam que se estavam juntando às forças armadas para "ver o mundo", talvez muitos de nós nos tenhamos apenas unido a Jesus para obter a passagem de saída do inferno. No entanto, sem saber, alistamo--nos na linha de frente de um *exército santo*!

O Corpo de Cristo me fez lembrar um antigo filme norte--americano chamado *A recruta Benjamin*. A personagem principal do filme é uma mulher que pensa estar indo para um "cruzeiro", mas, na verdade, termina em um *campo militar*! Infelizmente, essa "mentalidade de cruzeiro" também descreve muito da atividade e pensamento do movimento carismático das décadas de 1980 e 1990. Os tempos mudaram!

O reavivamento está na terra, e um novo anseio está começando a varrer as nações do mundo. O Senhor está falando uma nova palavra profética sobre uma antiga palavra profética. A palavra antiga é "oração". A nova palavra é "ore em grupo".

O Senhor está abrindo nossos olhos para a simples verdade de que a oração é onde tudo começa e termina, na esfera do Espírito. É na oração que todas as coisas são realizadas. A oração é o verdadeiro código genético da igreja. Recebemos outros genes mutantes que nos levaram a nos desenvolver longe dos verdadeiros planos de Deus para seu corpo. *Nada do que Deus fará acontecerá sem oração.*

Já ouvi pessoas dizerem que foram chamadas para pregar, impor as mãos sobre os doentes, evangelizar, e assim por diante, mas elas rapidamente acrescentam: "Mas eu não sou chamado para interceder". A verdade é que não devemos ministrar a outras pessoas se não gastarmos tempo em comunhão com Deus, recebendo daquele que ordena a unção de todo ministério.

Ana, a profetiza, uma viúva jovem, vinha continuamente ao templo para ministrar ao Senhor em oração e jejum. Sua intercessão teve um papel-chave no nascimento do Messias.

Ana o conhecia. A tragédia em sua vida fez com que ela se tornasse íntima do Senhor em oração. Você o conhece? Podemos ter os dons do Espírito, o poder para revelá-los, fazer milagres, expulsar demônios e ainda ouvir Jesus no final dos tempos: "Nunca os conheci. Afastem-se de mim vocês, que praticam o mal!" (ver Mateus 7.23).

O PODER DA ORAÇÃO DA CONCORDÂNCIA

"Também lhes digo que se dois de vocês concordarem na terra em qualquer assunto sobre o qual pedirem, isso lhes será feito por meu Pai que está nos céus." (Mateus 18.19).

Jesus disse que, se dois concordarem em alguma coisa, *isso será feito por nós!* Hoje Deus está chamando a igreja para orar em grupo e ter comunhão íntima com ele. Ele nos reconhecerá porque nós o conhecemos do lugar da oração (ver Mateus 25.23). O altar divino da oração nos está aberto todo tempo. O Senhor nos dará uma ferramenta poderosa no Espírito para a obra da oração: *línguas da oração.* Conforme avançarmos na oração corporativa, o Espírito nos dará línguas novas e poderosas que deixarão um tremendo depósito espiritual em nossa vida e mudarão o destino das nações. Quando alguns homens cooperam com o Espírito Santo, ele levanta um estandarte como uma inundação contra o inimigo.

"VIGIAR" — PARTE DE TODO GRANDE REAVIVAMENTO

Desde o início do grupo The Watch of the Lord™ em Charlotte, Carolina do Norte, em 1995, o Espírito Santo dirigiu as orações e mudou cada vida que se envolveu com o grupo.[2]

---

[2] Watch of the Lord começou em janeiro de 1995, quando o Senhor nos disse: "Vigiem comigo". Em resposta a isso, convidamos 20 pessoas para ficar das 22 horas da sexta-feira até as 6 horas da manhã do sábado, fazendo uma vigília — o que significa ficar acordado a noite toda por razões espirituais. Esperamos

A prática bíblica de "vigiar" é uma parte histórica de todo grande ministério e de todo grande reavivamento. Um excerto da revista de John Wesley de 1739 diz:

> Mr. Hall, Kitchen, Ingram, Whitfield, Hutchins e meu irmão Charles estavam presentes em nossa festa do amor em Fetter Lane com aproximadamente outros 60 irmãos. Por volta das 3 horas da manhã, ainda continuávamos em oração constante, e o poder de Deus caiu poderosamente sobre nós de tal maneira que muitos choraram de extrema alegria e muitos caíram no chão. Logo que nos recuperamos um pouco do temor e da maravilha de sua majestade, em uma voz dissemos: "Louvamos ao Senhor, ó Deus! Reconhecemos que o Senhor é o nosso Senhor!".[3]

Joel e o povo de Israel, Wesley, os moravianos e outros grupos foram pioneiros em orar a noite toda. Eles araram a terra e plantaram sementes do coração divino quanto à oração em grupo.

em Deus orando e adorando, e compartilhamos em comunhão por meio da ceia do Senhor representando o sangue e corpo de Cristo. Desde então, por mais de uma década, fazemos o mesmo a cada sexta-feira. Hoje, The Watch é um movimento global de oração corporativa, ou seja, em grupo. Os grupos de vigias se espalharam pelos Estados Unidos e por todo o mundo. Estamos experimentando o poder que é desencadeado por meio da concordância de um corpo de cristãos em oração e jejum consistentes. Temos recebido a visitação renovada que é a manifestação da glória do Senhor com sinais, maravilhas e milagres!

[3] Revista II de John Wesley de 1739.

Agora, Deus está aguando as sementes de reavivamento e levantando novos vigias para colher *uma nova colheita por meio da oração*. O respirar do Senhor está soprando, fazendo com que a oração corporativa se expanda pela terra.

O inimigo odeia a oração e, em particular, a oração corporativa, porque ele sabe que *se dois de vocês concordarem na terra em qualquer assunto com o Espírito Santo, o Diabo perderá seu tempo* (ver Mateus 18.19). A principal estratégia de Satanás é *dividir e conquistar*. Jesus disse: "[...] *Todo reino dividido contra si mesmo será arruinado, e uma casa dividida contra si mesma cairá"* (Lucas 11.17). O amor de Jesus está sempre disponível para nós a fim de curar nossas feridas e ministrar as nossas necessidades; mas há algo mais para ser visto.

A intenção de Jesus é que nos envolvamos com a oração corporativa, concordemos com um estilo de vida de comunhão e oração em grupo. Isso se chama sacrifício. Acredito que aqueles que não respondem a esse chamado perderão algo essencial na sua geração. No capitulo 18 de Lucas, a viúva persistente demonstra o poder da persistência, insistência e oração focalizada:

> Então Jesus contou aos seus discípulos uma parábola, para mostrar-lhes que *eles deviam orar sempre e nunca desanimar*. Ele disse: "Em certa cidade havia um juiz que não temia a Deus nem se importava com os homens. E havia naquela cidade uma viúva que se dirigia continuamente a ele, suplicando-lhe: *'Faze-me justiça contra o meu adversário'*. "Por algum tempo ele se recusou. Mas finalmente disse a si mesmo: 'Embora eu não tema a Deus e nem me importe com os homens, esta viúva está me aborrecendo; *vou fazer- lhe justiça para que ela não venha mais*

me importuna". E o Senhor continuou: "Ouçam o que diz o juiz injusto. *Acaso Deus não fará justiça aos seus escolhidos, que clamam a ele dia e noite?* Continuará fazendo-os esperar? Eu lhes digo: *Ele lhes fará justiça, e depressa.* Contudo, quando o Filho do homem vier, encontrará fé na terra?" (Lucas 18.1-8).

A ORAÇÃO PERSISTENTE E O FAVOR DIVINO

A viúva persistente dessa parábola vinha diariamente ao juiz injusto pedir que ele desse o que ela desejava. Aquele que está vindo é o *Justo Juiz*. E ele não dará seu favor àqueles que permanecem persistentes na oração? Seu coração benevolente a nós está levemente prefigurado na resposta do rei Xerxes a Ester. Ele está nos dizendo para pedir o reino. Ele está dizendo isso a nossa geração: "Escreva o decreto em oração".

Jesus fez uma pergunta incrível em relação à persistência na oração: "[...] Contudo, quando o Filho do homem vier, encontrará fé na terra?" (Lucas 18.18). Em outras palavras Jesus está dizendo que sua fé é expressa pela sua vida de oração.

Em Isaías 59 encontramos o povo de Deus espiritualmente destituído como o profeta escreve:

> Por isso a justiça está longe de nós, e a retidão não nos alcança. Procuramos, mas tudo são trevas; buscamos claridade, mas andamos em sombras densas. Como o cego caminhamos apalpando o muro, tateamos como quem não tem olhos. Ao meio-dia tropeçamos como se fosse noite; entre os fortes somos como os mortos (Isaías 59.9,10).

O Senhor estava descontente a ponto de o povo não conseguir encontrar nada além de trevas. O profeta diz em Isaías 59.16: "Ele viu que não havia ninguém, admirou-se porque ninguém intercedeu; então o seu braço lhe trouxe livramento e a sua justiça deu-lhe apoio". O Senhor estava espantado porque ninguém o buscava e nem intercedia pelo povo de Deus. Lemos adiante os três versos: "Ele viu que não havia ninguém, admirou-se porque ninguém intercedeu; então o seu braço lhe trouxe livramento e a sua justiça deu-lhe apoio" (Isaías 59.16).

Acredito que o Senhor soberanamente viu a igreja das nações tateando na escuridão, procurando a luz. Agora ele decidiu mudar, levar as coisas com suas mãos poderosas. O Espírito do Senhor está levantando um estandarte contra a inundação do mal da boca do inimigo. Vemos isso descrito na oposição contra a igreja do final dos tempos, em Apocalipse 12.15. Em determinadas épocas o Senhor diz: "Chega, é o suficiente. Terei misericórdia!". Isso acontece quando ele derrama seu Espírito. Exatamente como dividiu o mar Vermelho para o povo oprimido e escravo a fim de libertá-lo do Egito, ele está abrindo nosso "mar Vermelho" hoje, para nos libertar da perseguição do inimigo.

DEUS ESTÁ PROCURANDO A "GRANDE MURALHA DE ORAÇÃO"

O Senhor está dizendo: "Esqueça 'seu' ministério e 'seus' dons. Esqueça as finanças. Esqueça o desejo de se casar. *Chegou a hora de me buscar"* (veja Mateus 6.33). Responda ao chamado de Deus e dê espaço em sua vida para a oração em grupo. Exatamente como a Grande Muralha da China é a única estrutura da terra que pode ser vista pelos satélites em órbita, creio que a obra que o Senhor quer ver quando olha para a terra é a grande muralha de oração que se estende ao redor do mundo. É hora dos vigias se posicionarem nessa muralha!

Não existe sequer um único reavivamento que não tenha sido acompanhado por intercessores que se juntaram em oração para permanecer diante do Deus vivo. Esses intercessores recusaram-se a deixar o estandarte cair no chão — não importando o quanto teriam de sacrificar-se, exatamente como aqueles poucos homens na batalha de Iwo Jima que se sacrificaram para levantar a bandeira dos Estados Unidos em uma montanha estratégica sinalizando a vitória sobre as forças japonesas ali.

A Palavra do Senhor aos cristãos do Novo Testamento era para *permanecerem em oração até serem revestidos do Santo Espírito*![4] O profeta Esdras registra uma oração histórica dos judeus no exílio que ansiavam pelo reavivamento e pela oportunidade de consertar o muro e reconstruir as ruínas de seu destino:

> Mas agora, por um breve momento, o Senhor, o nosso Deus, foi misericordioso, deixando-nos um remanescente e dando-nos um lugar seguro em seu santuário, e dessa maneira o nosso Deus ilumina os nossos olhos e nos dá um pequeno alívio em nossa escravidão. Somos escravos, mas o nosso Deus não nos abandonou na escravidão. Ele tem sido bondoso para conosco diante dos reis da Pérsia: ele nos deu vida nova para reconstruir o templo do nosso Deus e levantar suas ruínas, e nos deu um muro de proteção em Judá e em Jerusalém (Esdras 9.8-9).

TEMPO DE RECONTRUIR O MURO!

O profeta Amós fez uma pergunta: "Duas pessoas andarão juntas se não estiverem de acordo?" (Amós 3.3). Deus está chamando a igreja para andar no mesmo passo que ele, para

---

[4] Ver Lucas 24.49.

concordar em oração e com seus propósitos. A igreja inundou as pessoas com programas e ensinamentos que promovem a unidade, mas essas tentativas foram fúteis. Por quê? Porque não podemos ensinar as pessoas ou programá-las para a unidade. Isso é um ato sobrenatural que pode ser feito apenas pelo Espírito quando todos os corações tiverem seu foco em Jesus Cristo. Como anteriormente observamos neste capítulo, o próprio Jesus nos deu, no evangelho de Mateus, a chave para termos uma oração respondida: "Também lhes digo que se dois de vocês concordarem na terra em qualquer assunto sobre o qual pedirem, isso lhes será feito por meu Pai que está nos céus" (Mateus 18.19).

A nova palavra quanto à oração em grupo *nada tem a ver com os programas, agendas ou com o pensamento das pessoas*. Está totalmente relacionada com o envolvimento da oração submissa ao Espírito. Nossa tarefa é simplesmente nos ajuntar e *concordar* em oração e adoração na presença de Deus, oferecendo-nos a ele em amor e adoração; enquanto nos tornamos disponíveis para permanecer na brecha para as outras pessoas, para obedecer cada uma de suas instruções e, então, simplesmente esperar até que ele venha.

Toda oração levada pelo Espírito tocará o coração de Deus. Se a Palavra de Deus é verdadeira, então, de acordo com Romanos 8.26, o Santo Espírito, na verdade, intercede por nós quando não sabemos como orar. Deus está abrindo uma janela para a oração em grupo, e nós devemos entrar enquanto essa janela está aberta. Se assim o fizermos, o reavivamento varrerá a terra como nunca. Se não o fizermos, acredito que ele deixará uma brecha tão grande que o inimigo atravessará.

A casa do Senhor é a casa de oração. Seu "endereço" é a oração (ver Mateus 21.13; Isaías 56.7). Se você quiser estar com ele, então deve encontrá-lo em sua casa, a casa de oração, a casa de Jesus. Jesus caminhou pela expressão da religião de grupo de seus dias e viu que o povo estava fazendo de tudo, *menos orando*.

Eles compravam, vendiam, conversavam e até faziam do templo uma extensão da rua, um atalho para levar seus bens de um lugar para outro! Ele olhou aquilo e disse: "Não é aqui que eu moro. Minha casa é chamada casa de oração!". Se você quiser estar onde Deus está, deve procurar a oração corporativa.

Antes de tudo, Jesus era um homem de oração. Todas as respostas que deu ao povo ao seu redor foram dirigidas e recebidas do Pai pela oração! Jesus disse: "Eu lhes digo verdadeiramente que o Filho não pode fazer nada de si mesmo; só pode fazer o que vê o Pai fazer, porque o que o Pai faz o Filho também faz" (João 5.19). A vitória que Jesus Cristo teve na cruz foi a primeira vitória ganha no lugar da fervente oração no Getsêmani — enquanto os discípulos dormiam!

No outono de 1994, o Espírito santo concebeu um "bebê espiritual" em nossa comunidade que hoje é amado por milhares de pessoas do Corpo de Cristo ao redor do mundo. O "bebê espiritual" é uma oração em grupo chamado de The Watch of the Lord. Suas raízes são antigas e santas, vindas do âmago do coração divino que diz: "pois a minha casa será chamada casa de oração para todos os povos" (Isaías 56.7b). Talvez você esteja no mesmo lugar que a mulher de Cantares de Salomão, que disse: "Bem, Deus não está voltando. Vou dormir" (Veja Cantares de Salomão 5.2-4). De repente, alguém bate à porta, e o Senhor está esperando que você abra. Jejuar é a chave para a oração corporativa.

TROQUE A INDEPENDÊNCIA PELA INTERDEPENDÊNCIA

O momento de trocar a dependência pela interdependência chegou. A independência tem a tendência de deixar as pessoas vulneráveis à decepção, particularmente quando elas começam e seguem na direção da revelação sobrenatural e dons. É fundamental que nosso ministério flua para fora do contexto da família de Deus.

Em 2Crônicas 20, o rei Josafá não estava contente em meramente orar a Deus sozinho. Ele sabia que as muralhas eram altas demais, o perigo era grande demais para uma oração solitária. Ele não apenas se propôs a "buscar o Senhor", mas também proclamou um momento nacional de jejum e oração. Como resultado da obediência corporativa de Judá quanto à oração e ao jejum, Deus respondeu com uma libertação sobrenatural.

Quando as nações estiverem prontas para ser colhidas e os lugares de iniquidade estiverem prontos para serem derrubados, *isso acontecerá por intermédio da oração em grupo!* Se formos cumprir o destino que o Senhor nos deu como igrejas e nações, *será por intermédio da oração em grupo.*

Nos dias de Salomão, a oração corporativa foi o que moveu as mãos de Deus contra os inimigos de Israel. Levar pessoas, grandes e pequenas, a buscar o Senhor em oração pela noite toda foi a prescrição divina para a libertação da destituição na época de Joel. Conforme o profeta, Deus disse: "Decretem um jejum santo; convoquem uma assembleia sagrada. Reúnam as autoridades e todos os habitantes do país no templo do Senhor, o seu Deus, e clamem ao Senhor" (Joel 1.14). Quando o povo de Deus se humilha diante dele em oração, Deus diz: "[...] dos céus o ouvirei, perdoarei o seu pecado e curarei a sua terra (2Crônicas 7.14).

A ORAÇÃO DA CONCORDÂNCIA CORPORATIVA É PODEROSA

Quando você se juntar a seus irmãos e irmãs para passar horas em concordância consistente, concentrada e em grupo com o Espírito Santo, coisas começarão a mudar. Ele mudará sua perspectiva, seu nível de tolerância, sua paciência e muitas outras áreas. A oração em grupo é uma "ferramenta" muito prática na vida do corpo local de Cristo. Pedro foi liberto da prisão pelo anjo porque a igreja em Jerusalém fora conduzida a fazer uma noite toda de oração em seu favor (ver Atos 12.1-12). Foi logo após um período de oração de concordância prolongado que o Espírito Santo desceu sobre aqueles que esperavam na sala superior no Dia de Pentecostes (ver Atos 2.1-4).

Misteriosamente, a oração em grupo e sobrenatural cairá dividindo as muralhas do Corpo de Cristo, transcendendo linhas interdenominacionais. Como cristãos, você e eu precisamos estar no campo de batalha, apresentando-nos a Deus como uma companhia de guerreiros de oração compromissados em repelir o inimigo e levantar o estandarte de Deus sobre a nossa terra! É hora de você se posicionar na muralha da oração corporativa.

Deus libera para nós uma autoridade incrível quando diversas pessoas se ajuntam em seu nome para jejuar e orar. Essa autoridade contém o tipo de poder que pode mover montanhas! É uma arma que Deus nos dá para que quebremos toda maldição e fortalezas satânicas sobre nossa vida, família, igreja, cidade e nação! Isso acontece quando *escolhemos* unir nossas energias dinâmicas espirituais como um "raio laser", se você desejar, do poder e luz celeste dados por Deus.

Em agosto de 1995, dois vigias de oração sonharam com Paris, França, na mesma semana. Um terceiro teve a nítida impressão de ver crianças na escola com lanches e carteiras. Na sexta-feira do dia 1º de setembro de 1995, quando esses vigias de oração tiveram juntos essa mesma impressão em oração, acreditamos que havia um plano terroristas Mujahid para bombardear uma escola judia perto de Paris. Oramos para que esse plano fosse completamente destruído. Na sexta-feira seguinte, a Associated Press[5] relatou um ataque na França, em uma escola de ensino fundamental na quinta-feira, dia 7 de setembro.[6]

---

[5] Agência internacional de notícias. [N. do T.]
[6] Associated Press, "14 feridos por bomba na Escola Francesa," Villeurbane, França, 8 de setembro de 1995.

Os extremistas haviam enviado um carro bomba para explodir do lado de fora da escola judia em Villeurbane, França, no momento em que os alunos deixassem a escola no período da tarde. O rabino da escola relatou que, pela primeira vez na história dos 70 anos da escola, o relógio parou. Miraculosamente os ponteiros do relógio pararam exatamente três minutos antes de o sino tocar, impedindo que as crianças saíssem para o pátio no momento em que a bomba foi detonada. A bomba explodiu sem causar nenhum dano às 700 crianças que ainda estavam dentro do prédio da escola. O jejum e a oração em grupo, consistentes e compromissados, treinara esses vigias de oração para ouvir o Senhor e focalizar suas orações na destruição das obras do inimigo.

Permita que eu faça uma pergunta conceitual para ajudá-lo a entender o poder da oração e do jejum corporativo. Se um raio laser é poderoso o suficiente para cortar um aço endurecido na velocidade da luz, o que 21, 50, ou 100 raios lasers poderiam fazer se seu poder fosse unido em um raio concentrado de poder? Essa é uma boa figura do *nosso poder* quando oramos e jejuamos em grupo! Deus nos deu, literalmente, o poder e a autoridade de explodir, em seu poderoso nome, as fortalezas, demolir os reinos das trevas e quebrar toda maldição que existir em nossa família!

REFORME A HISTÓRIA POR MEIO DA ORAÇÃO E DO JEJUM CORPORATIVOS

Lembre-se de que Jesus está nos enviando — a você e a mim — ao mundo exatamente como o Pai o enviou — exceto pelo fato de *ele estar nos enviando juntos.* Deus fez um milagre, há quase 2 mil anos, na cidade de Jerusalém, quando começou a derramar seu Espírito Santo sobre toda carne. Naquele momento, a igreja nasceu; e um exército ungido e cheio do Espírito Santo foi liberado ao mundo e ao reino das trevas. Agora, mais do que nunca, é tempo de ressurgirmos na glória de Deus e descer, cidade após cidade, nação após nação, levando o evangelho de paz ao reino das trevas.

Apenas uma coisa pode vir da nossa obediência: mudaremos o destino da humanidade, literalmente, em qualquer lugar a que formos! Creio no cânon da Escritura revelada. Creio também que, pela graça de Deus, temos a oportunidade de escrever o "segundo livro de Atos" dos apóstolos, em nossos dias, conforme andamos no poder para fazer proezas maravilhosas em nome de Jesus!

Deus deseja nos revelar sua visão da colheita mundial para que olhemos além de nós mesmos, para os campos que estão brancos para a ceifa. Você e eu recebemos as boas-novas de Jesus para mais do que a nossa própria salvação. **Temos a responsabilidade em Cristo de reconstruir a história e transformar o destino das nossas igrejas, cidades e nações. Essa é a visão de Jesus e a comissão do Pai.**

A única maneira que podemos imaginar para reconstruir a história é orar e jejuar para que Deus revele sua gloria às nações. Precisamos permitir que a paixão divina possua nossas almas e dirija nossas orações em intercessão. Quando Derek Prince e eu fomos ao Paquistão como uma equipe apostólica, há alguns anos, literalmente vimos Deus realizar muitos milagres maravilhosos.

No nosso caminho para uma reunião matinal passamos por uma senhora cega; seus olhos ocos e vazios evidenciavam que ela nascera sem olhos. Diariamente, ela se sentava ao lado da rodovia, perto de um esgoto a céu aberto, para mendigar. "Mahesh, tire uma foto", disse o irmão Derek. Para nós, essa pobre mulher representava as inúmeras almas ao redor do mundo que se sentam diante das trevas esperando pela luz de Cristo. Sua figura ficou gravada em meu coração. Silenciosamente, orei: "Espírito Santo, estamos aqui neste país de trevas, que está entre os países mais pobres dos pobres. Mostre-lhes que Jesus é o Filho de Deus e que ele é o Rei dos reis".

Naquela noite, durante o culto, o Espírito Santo me levou a ter autoridade sobre o poder das trevas que rodeava aquela cidade.

Quando amarrei o espírito do anticristo, um rugido demoníaco veio do céu. De repente, uma trovoada da vitória de Jesus soou. Em um momento, uma figura emergiu do meio da multidão. Era a mulher de quem eu tirara uma fotografia naquela manhã! Com um brilho no rosto e com os olhos mais azuis que você já viu, no lugar onde havia apenas um vazio, ela apontou para mim e disse: "Quando este homem orou, eu vi um raio de luz. Agora eu consigo ver!".

PRIMEIRO VOCÊ DEVE AMARRAR O HOMEM FORTE

Estou compartilhando essa história para lhe mostrar *a chave principal para tal sucesso* — e ela vem da época em que o Senhor implantou a verdade da oração e do jejum em minha vida. Antes de ir para países como o Paquistão, Zâmbia, Zaire e Haiti, *jejuei, orei e participei de uma batalha espiritual agressiva.* Bem antes de pisar em solo paquistanês, tive uma batalha pelo Espírito contra o poder do anticristo. *Antes de* entrar na região da África Central para ministrar ao povo do Zaire e de Zâmbia, tive uma batalha contra o poder da magia e bruxaria naqueles lugares. Primeiro, você tem de amarrar o homem forte; depois, você pode saquear sua casa! (ver Lucas 11.21,22). A principal "chave para a cidade" e "chave para as nações" no meu ministério e no seu nesse reavivamento do final dos tempos é o jejum e a oração.

Se sua família, ministério ou igreja estão enfrentando obstáculos invisíveis; se poderes invisíveis das trevas estão se opondo ou atormentando sua família ou igreja, sugiro que você vá além da vitória e alcance o triunfo, utilizando-se apenas da arma especial que Deus colocou no arsenal do Espírito Santo. Deus quer que você vá adiante, em uma nova e especial unção; mas isso só acontecerá por meio da oração e do jejum.

Todos nós recebemos a ordem de orar para que o Senhor nos dê almas, estejam elas em grupo ou a sós. Devemos pedir ao Senhor da colheita que nos revele o espírito de evangelismo e traga sinais extraordinários e maravilhas para confirmar nossa pregação fiel de sua Palavra. É pela oração que almas são "geradas" para o Reino de Deus.

A VISÃO DO ÍNDIO AMERICANO

Durante os vários jejuns de quarenta dias, havia épocas em que uma atmosfera celestial me cercava e a revelação que eu tinha era bem sobrenatural.

Nos últimos sete dias de um dos jejuns de quarenta dias que fiz, estava me sentindo um pouco fraco. Em certo dia, minha agenda estava cheia e eu já estava bem cansado e ainda um culto da noite me esperava. Tentei descansar antes do culto. Nem dormia e nem estava acordado completamente, quando vi literalmente um índio americano no quarto. Podia vê-lo tão claramente que ainda consigo descrever seus longos cabelos pretos presos num rabo de cavalo, seu rosto bonito, suas roupas e o adorno bonito que usava. Ele me perguntou: "Onde tem água? Estou com sede".

Depois ouvi outra voz, além da minha, falando com ele: "Tem água *naquela direção*". Naquele instante, ele começou a correr e sumiu da minha vista. Quando o vi novamente, ele vinha em minha direção e parecia que tinha viajado muito por regiões desertas e havia lutado com cactos, pois seu rosto estava ferido pelos espinhos. Ainda não encontrara água, e ainda estava com sede. Eu ouvi o Senhor me dizer: "Dê água a ele", e eu sabia que Deus queria que eu desse a esse índio americano a água da vida. Estava surpreso porque o homem e os acontecimentos da visão me pareciam muito reais.

No culto da noite, na igreja, mesmo durante o louvor, ainda parecia que estava tendo aquela visão. Eu disse ao povo: "Tive uma visão do Senhor em que vi um índio americano". E depois descrevi o índio em detalhes, mencionando seus longos cabelos pretos macios, a forma exata de seu nariz, seu cinto tecido à mão, com uma grande fivela trabalhada, o belo adorno que usava e sua sede excessiva de água. Quando acabei de descrever o que vi, eu disse: "Deus quer que demos água viva a toda tribo, povo e raça do mundo".

De repente, um silêncio santo desceu à congregação porque naquele instante um bonito índio americano entrou vestindo roupas bonitas e um belo adorno indiano! Ele não era nosso conhecido e não se sentou como seria o esperado. Ele veio direto para o centro do auditório, chegou ao centro do altar e disse: "Preciso de Jesus". Ele entregou sua vida ao Senhor bem ali, diante da congregação, segundos depois de eu descrever a visão que recebera do Senhor.

Depois, compreendi o resto da história desse homem. Ele vinha de uma tribo de índios que morava em Missouri, EUA. Ele fazia bijuterias e tinha pequenos negócios em shoppings e lojas pelo país. Havia se separado da esposa, estava vivendo em pecado e clamava ao Senhor por respostas para sua vida. Esse homem estava viajando pelo estado para estabelecer sua loja móvel de bijuterias em algum shopping da região, quando passou pelo nosso prédio e viu uma luz dourada brilhando ao redor dele. O prédio não tinha uma torre de igreja ou um sinal que indicasse que aquele prédio era uma igreja, mas ele viu o brilho dourado; então voltou e estacionou o carro. Quando nos ouviu louvando o Senhor, percebeu que ali era uma igreja e decidiu entrar. Depois que foi salvo, o homem conseguiu que sua esposa, de quem havia se separado, voltasse para ele, e dois dias depois tive o privilégio de batizar a ambos nas águas. Eles foram batizados pelo Espírito Santo e Deus gloriosamente curou seu casamento. Esse precioso índio americano recebeu a água viva!

REVELAÇÃO VERDADEIRA EM QUALQUER NÍVEL

A revelação vem quando oramos e jejuamos, e quando Deus fala, sua revelação é verdadeira *em qualquer nível*. Será verdadeira no nível natural, no espiritual, na esfera da alma e historicamente.

Por exemplo, há muitas palavras proféticas sobre Israel que também são verdadeiras para a igreja ou, no mínimo, também preveem bênçãos para o Israel espiritual de Deus porque a Palavra do Senhor *é verdade*. Em qualquer nível que você encontrar sua Palavra, a verdade estará lá.

Deus falou ao meu coração por meio do milagre da visão do índio americano e disse: "Quero derramar meu Espírito; eu quero dar água a toda alma sedenta. Há pessoas que estão sedentas por uma vida verdadeira. Vá e ganhe as almas perdidas. Vá a todos os povos, a todas as tribos e grupos étnicos. Quero derramar minha água viva. Eles estão sedentos; estão morrendo. Dê a eles a água viva verdadeira do Santo Espírito. Eu estou comissionando você. A igreja deve dar água viva àqueles que estão morrendo de sede".

Essa palavra profética foi verdadeira num nível global e foi também verdadeira num nível individual, quando eu vi o índio americano que estava sedento pelo Espírito Santo. O Senhor deu sua palavra profética naquela noite no culto da igreja para alcançar a vida de um único homem, e sua Palavra é verdadeira no nível mundial também. Como declara a Bíblia: "[...] Seja Deus verdadeiro, e todo homem mentiroso [...]" (Romanos 3.4).

Se você examinar a Palavra de Deus, encontrará a verdade em qualquer nível! Sua Palavra de cura pode ser aplicada da mesma maneira. Ele prometeu curar nossa alma, nosso corpo, nosso casamento, nossas igrejas, cidades e nações. *Se buscarmos a Deus,* a Palavra que cura virá e realizará aquilo para o que foi enviada.

O Senhor prometeu que, quando clamarmos, jejuarmos e orarmos pelas chuvas das suas bênçãos, ele responderá. "Senhor, não queremos que nosso país perca sua chuva preciosa. Desesperadamente precisamos tanto da primeira como da última chuva." Se não clamarmos pelas chuvas divinas, então nossa nação queimará por outras coisas — coisas profanas e destrutivas. Hoje, nossa nação está queimando com a luxúria e a injustiça, e o Senhor deseja derramar sua chuva de justiça, santidade e glória.

Entretanto, se seu povo não clamar, a quem ele se voltará? "[Deus] viu que não havia ninguém, admirou-se porque ninguém intercedeu [...]" (Isaías 59.16).

Creio que o Senhor preparou um derramamento mundial de seu Santo Espírito para sua igreja nesses últimos dias. É a resposta sobrenatural divina aos necessitados desesperados e às pressões do final dos tempos que estão sobre nós. Agora é a nossa vez de buscá-lo, clamar por ele, orar e jejuar pela sua visitação de glória.

COLHEITA GLOBAL REQUER ORAÇÃO DE MAGNITUDE GLOBAL

Exatamente como Jesus ora e intercede por nós dia e noite sem cessar, nós deveríamos interceder pelos perdidos e por aqueles que trabalham na ceifa. Essa grande colheita é global em sua magnitude. Portanto, ela requer oração corporativa da mesma magnitude. Quando um fazendeiro de trigo deseja colher um acre e meio de grãos, ele só precisa fazer planos para determinada quantidade de maquinário e alguns trabalhadores. Entretanto, quando ele quer colher 100 mil acres em um dia, ele precisa fazer planos para uma grande quantidade de máquinas, operadores de máquinas capacitados e um exército de trabalhadores, ou tudo estará perdido.

Deus está chamando a igreja mundial para a oração e o jejum corporativos como nunca feito antes porque temos de enfrentar uma colheita iminente, com proporções globais e monumentais! É hora de respondermos ao chamado divino da oração e do jejum como um só povo, unidos ao redor de um só Salvador, uma só fé e um só Senhor.

10
Como liberar a unção apostólica

Gosto muito de ler o livro de Atos porque é o registro de Deus da *primeira vez* que ele derramou seu Espírito maravilhoso sobre toda carne e liberou o ministério apostólico na terra. O mundo ainda não tinha se recuperado da *primeira vez* que Deus fez isso, e agora ele está prestes a fazer isso *novamente* com uma grande inundação de sua glória e unção. Eu creio que você e eu nascemos para "uma época como esta".

Estamos à beira de fazer história quanto ao mover de Deus entre as nações da terra. Temos, porém, de fazer alguma coisa para preparar esse momento antes que *ele aconteça*. A glória divina em nós é como o ouro ou a prata preciosa intimamente ligada pelo granito ou por outras estruturas de pedra. As pedras devem ser quebradas em pequenos pedaços e depois sujeitas ao fogo celestial a fim de que seus elementos preciosos possam ser liberados em pureza e glória para deslumbrarem os olhos do mundo.

O que poderia trazer à tona o "fogo" da presença de Deus em nossa vida para queimar a impureza e deixar somente o mais puro do ouro? O que poderia quebrar os lugares duros do nosso coração para que "Deus em nós" pudesse fluir de nossa vida para aqueles que estão no mundo assolados na pobreza ao nosso redor? Qual é o "crisol da unção" capaz de transformar uma grande quantidade de ouro duro em barras de ouro sem preço e tesouros da paixão e ministério apostólicos? O exemplo do Novo Testamento para a liberação da unção e poder apostólicos são vistos no Livro de Atos:

> Na igreja de Antioquia havia profetas e mestres: Barnabé, Simeão, chamado Níger, Lúcio de Cirene, Manaém, que fora criado com Herodes, o tetrarca, e Saulo. Enquanto adoravam o Senhor e jejuavam, disse o Espírito Santo: "Separem-me Barnabé e Saulo para a obra a que os tenho chamado". Assim, depois de jejuar e orar, impuseram-lhes as mãos e os enviaram. Enviados pelo Espírito Santo, desceram a Selêucia e dali navegaram para Chipre (Atos 13.1-4).

Qual é a "prova" de que o ministério apostólico foi liberado no primeiro século? Ele está claramente liberado no contexto da igreja orando fervorosamente e jejuando em grupo. É nessa atmosfera que o Espírito Santo claramente fala com uma direção especifica e definida. Foi em obediência a uma direção específica do Santo Espírito que os líderes da igreja de Antioquia impuseram as mãos sobre Barnabé e Saulo, "jejuando e orando". O que isso significa para nós, hoje?

NOTÍCIA URGENTE: DEUS E SEUS DONS SÃO SOBRENTAURAIS

Por séculos, a igreja moveu-se com dificuldade, com motor a meia força, quanto a ministrar apenas três dos cinco *doma* ou cinco dons que Deus originalmente pretendia que ela tivesse. O ministério dos apóstolos e profetas foi rejeitado e tido como "acabado" com a morte dos apóstolos originais, enquanto a posição de evangelistas pastores e professores, de certa maneira, escapou da "sepultura" que reivindicava as duas primeiras. O resultado é tão previsível como se uma pessoa decidisse que seu carro de seis cilindros correria melhor se desligasse dois ou três cilindros, considerando-os "desnecessários".

Para piorar as coisas, quase todos dentre os nove dons sobrenaturais, listados pelo apóstolo Paulo em 1Coríntios 12, foram também rejeitados como não mais "necessários", e considerados "mortos" com os apóstolos e profetas. Apesar da imanente sabedoria do homem, Deus não errou, e ele disse o que disse no livro dos Efésios, em 1Coríntios 12 e em Romanos 12 por um motivo muito específico. O próprio Deus e o reavivamento são, por definição, *sobrenaturais*. Assim, não interessa o quão desconfortável homens e mulheres se sintam com o sobrenatural, Deus continuará para sempre da mesma forma — com seus dons.

Documentos históricos provam que todos os grandes reavivamentos e despertamentos no mundo foram dirigidos por líderes ungidos cujos ministérios apaixonados eram acompanhados de sinais sobrenaturais e maravilhas, bem como cheios de uma gama de dons carismáticos do Espírito. O grande reavivamento que hoje vemos surgindo não é exceção. Precisamos com urgência do poder, da autoridade e da liderança apostólica durante essa grande ceifa mundial.

Por essa razão, Deus está chamando a igreja do final dos tempos *para a sua plenitude do ministério de cinco partes.* Precisamos correr com "todos os cilindros" se a glória de Deus for verdadeiramente cobrir toda a terra. Não podemos mais nos contentar em coxear sem uma supervisão apostólica ou sem o *insight* ou visão do ofício profético da igreja.

Nesse reavivamento, em um só momento, sinais e maravilhas destruirão instantaneamente décadas, e até mesmo séculos, das obras malignas de escravidão do inimigo, liberando centenas de milhares para receberem a Cristo como Senhor em uma só noite! Isso pode acontecer apenas pelo intermédio do *poder do Espírito*. Agradecemos a Deus Pai pela unção; porém, ele está nos chamando para ir mais fundo até ele pelo jejum e oração. E assim ele pode confiar em nós e nos capacitar com o mesmo *poder* do Espírito dado a seu filho, Jesus Cristo, depois de quarenta dias jejuando no deserto.

O PODER DE DEUS E A ÁRVORE DA FEITIÇARIA

Lembro-me da época em que dirigi uma campanha evangelística em massa na cidade de Kananga, Zaire, uma região dominada pela feitiçaria. Essa campanha, conduzida pelo nosso ministério, foi a primeira na região a ser realizada por aqueles que eram cheios do Espírito Santo. A despeito da oposição agressiva dos poderes dos mestres em bruxaria que dominaram aquela região por muitos anos, as coisas estavam indo bem. Desde o começo eles apregoavam publicamente maldições contra nós. A maioria das pessoas tinha medo daqueles servos de Satanás. As pessoas me disseram: "Esses mestres em magia têm poder para dizer a uma pessoa: 'você morrerá em sete dias'; e, no sétimo dia, a pessoa cai morta".

Nossas reuniões fizeram com que esses mestres da bruxaria ficassem tão irados, que convocaram os bruxos de toda a região para encontrar um meio de deter nossa proclamação de Cristo. Eles se reuniram sob uma árvore bem grande, usada por bruxos de muitas gerações. Eles acreditavam que o poder espiritual para o mal emanava dessa árvore; e foi ali que os mestres da bruxaria conduziram cerimônias malignas e comeram carne humana enquanto enviavam palavras de maldição para nossos encontros evangelísticos que aconteciam a alguns quilômetros dali.

Na noite final da campanha, os bruxos novamente se reuniram sob a árvore mágica de feitiçaria para fazer adoração e rituais demoníacos. Esses homens e mulheres estavam completamente dominados pelas trevas de Satanás e amaldiçoavam com ira os cristãos, comiam carne humana e discutiam planos para deter nossos encontros (já que nada que tentaram havia funcionado).

No final da minha mensagem daquela noite, o Senhor me disse para quebrar o jugo de bruxaria que havia naquela região e libertar o povo do seu poder. Enquanto os bruxos se assolavam sob sua árvore de "encantamento", eu declarei diante de milhares de pessoas reunidas em nosso encontro evangelístico: "Satanás, eu amarro você! Tenho autoridade sobre o espírito de bruxaria, e quebro toda a maldição de feitiçaria sobre esta região!".

Naquele momento, de acordo com os relatos de diversas testemunhas oculares da região onde os mestres de bruxaria estavam reunidos, chamas de fogo faiscaram dos céus, há aproximadamente 10 a 12 quilômetros de distância de onde estávamos reunidos, e caíram sobre a árvore de feitiçaria. O fogo instantaneamente inflamou a árvore. Os *galhos*, que mediam cerca de dez metros, *foram consumidos de cima a baixo*. Ele não dividiu o tronco ou os galhos como normalmente aconteceria a uma árvore atingida por um raio. Esse tronco queimou durante *três dias* e foi consumido até o tamanho de um ser humano. Ele está lá até hoje como um palito de fósforo usado, uma lembrança muda do poder do nome de Jesus!

Aprendemos sobre os detalhes desse milagre com alguns dos próprios feiticeiros! Eles disseram que quando o fogo desceu e começou a queimar a árvore de feitiçaria, alguns dos bruxos ficaram cegos, outros foram queimados e alguns deles se arrependeram quando viram o poder incrível de Deus. Eles vieram até nós contando essa história e nos disseram que gostariam de ser salvos![1]

Quando visitei o lugar em que a árvore da feitiçaria estava, e ali fiquei diante do tronco carbonizado que marcava tudo que restava do domínio maligno de Satanás naquela região, lembrei-me do confronto de Elias com os profetas de Baal em 1Reis 18. Meu espírito saltou no meu íntimo e clamei, como fez

---

[1] Nós gravamos esses depoimentos que nos foram concedidos por testemunhas oculares na cidade de Kananga, Zaire.

Eliseu, quando o manto da unção caiu sobre ele, "[...] Onde está agora o Senhor, o Deus de Elias? [...]" (2Reis 2.14).

Eliseu estava com sede. Ele estava com fome de ver a manifestação do poder de Deus *passar para a sua geração* quando Elias foi levado aos céus. Essa transição de poder está registrada em 2Reis 2 e prefigura a passagem da unção descrita em Mateus 28.18-20, quando Jesus disse:

> Então, Jesus aproximou-se deles e disse: "Foi-me dada toda a autoridade nos céus e na terra. Portanto, vão e façam discípulos de todas as nações, batizando-os em nome do Pai e do Filho e do Espírito Santo, ensinando-os a obedecer a tudo o que eu lhes ordenei. E eu estarei sempre com vocês, até o fim dos tempos" (Mateus 28.18-20).

Há séculos, a igreja tem permanecido naquele monte, como estava, olhando pasmada para os céus, esperando que Jesus faça dos céus o que ele nos capacitou para fazer por intermédio do Santo Espírito *na terra*! A magnitude do mover de Deus em nossa geração demanda que saiamos do monte da paralisia espiritual, peguemos o manto da unção e do poder que Jesus nos deu e comecemos a *obedecer o seu mandamento*.

ELE NOS CHAMOU PARA JEJUAR, ORAR E OBEDECER

Ele nos chamou para jejuar e orar, e depois obedecer. Nesse ponto, ele pode liberar a unção apostólica para nossa vida, igreja e ministério no mundo. Com essa unção, nosso ministério não será apologético, morno ou apático. Não será laçado pelo medo, dúvida ou descrença. Será profético e apostólico, ajustado com a dupla perspicácia afiada que vem apenas do Espírito Santo. Seremos confrontadores sem nem pensar a respeito, assim como o Senhor me levou a pregar uma simples oração de comando em que Deus literalmente destruiu os assentos de Satanás naquela cidade do Zaire! O ponto que desejo enfatizar é que o Espírito Santo está dirigindo a igreja para o deserto hoje! Ele deseja que aprendamos as lições de oração e jejum para que ele nos envie para nossa geração *no poder do Espírito!*

Se a *oração* é a cápsula que contém nossos dons e é um requisito divino, então o *jejum* é o foguete que levanta nossas orações além das fronteiras da terra para os céus. O jejum nos dá o "vigor" do Espírito necessário para nos lançar além da gravidade da carne, para os propósitos essenciais de Deus! Quando as orações corporativas de muitos reunidos no nome daquele que é Único, são elevadas pelo foguete do nosso *jejum corporativo*, de repente têm um poder sobrenatural que poucos na terra viram! Você pode ter certeza de que Satanás teme essa combinação santa como nenhuma outra. Todas as vezes que o povo de Deus ousou colocar de lado suas diferenças ou preocupações pessoais para buscar a Deus em oração e jejum, *juntos,* com uma só mente e um só acordo, *coisas terríveis aconteceram ao reino das trevas,* enquanto coisas maravilhosas e miraculosas aconteceram à humanidade!

Fico perplexo ao ver que apenas poucos cristãos perceberam que Jesus treinou especificamente seus discípulos para o jejum. Ele ensinou:

> Quando jejuarem, não mostrem uma aparência triste como os hipócritas, pois eles mudam a aparência do rosto a fim de que os outros vejam que eles estão jejuando. Eu lhes digo verdadeiramente que eles já receberam sua plena recompensa. Ao jejuar, arrume o cabelo e lave o rosto, para que não pareça aos outros que você está jejuando, mas apenas a seu Pai, que vê em secreto. E seu Pai, que vê em secreto, o recompensará (Mateus 6.16-18).

Jesus focalizou os motivos certos para o jejum, e disse em seu discurso: "*Quando* jejuarem...". Novamente perceba que Jesus não disse "*se* decidirem jejuar," ou "*se* sentirem-se dirigidos pelo Espírito em um dia para jejuar...". Não, ele falou de jejuar com a mesma finalidade e expectativa quando falou a respeito da oração. Ele disse: "*Quando* orarem", e não "*se*"orarem; e ele disse: "*Quando* jejuarem", e não "*se*" jejuarem. Por quê? Porque Jesus *esperava* que seus discípulos jejuassem, bem como orassem.

A ABUNDÂNCIA DA CHUVA ESTÁ CHEGANDO!

O jejum tira você da esfera natural e o transporta para a esfera sobrenatural, e esse é o único lugar em que você pode ter a revelação, autoridade e poder sobrenatural do Espírito Santo. À medida que entramos no novo milênio, vejo a igreja virtualmente no mesmo lugar que o profeta Elias estava quando orou pela chuva no monte Carmelo, depois de profetizar ao maligno rei Acabe que a chuva viria para terminar com os três anos de seca. No início, não havia nenhuma nuvem no céu, mas ele continuou orando.

Após uma longa seca na igreja, profetizamos que as chuvas estão chegando, e como Elias, fomos colocados em um lugar alto com a face entre os joelhos. Esse é o melhor lugar em que poderíamos estar! Observe novamente a história de Elais:

> E Elias disse a Acabe: "Vá comer e beber, pois já ouço o barulho de chuva pesada". Então Acabe foi comer e beber, mas Elias subiu até o alto do Carmelo, dobrou-se até o chão e pôs o rosto entre os joelhos. "Vá e olhe na direção do mar", disse ao seu servo. E ele foi e olhou. "Não há nada lá", disse ele. Sete vezes Elias mandou: "Volte para ver". Na sétima vez o servo disse: "Uma nuvem tão pequena quanto a mão de um homem está se levantando

do mar". Então Elias disse: "Vá dizer a Acabe: Prepare o seu carro e desça, antes que a chuva o impeça". Enquanto isso, nuvens escuras apareceram no céu, começou a ventar e a chover forte [...] (1Reis 18.41-45).

Estamos agora no final da aridez em uma terra seca. A igreja está começando a ouvir o som da abundância de chuva! Vimos as primeiras gostas de chuva da glória de Deus descendo em lugares estratégicos ao redor do mundo. Um rio está começando a surgir.

A evidência é clara — enquanto milhões curvam sua face entre os joelhos num jejum e intercessão, o mais honestos possível, o Santo Espírito está sendo derramado sobre seu povo novamente. Estamos testemunhando uma aceleração da colheita das almas ao redor do globo. "Uma nuvem tão pequena quanto a mão de um homem está se levantando do mar." Corajosamente profetizamos para essa geração: *Prepare-se para um derramamento que vai elevá-la e vai mudar a geografia e a face da terra! O rio de Deus está crescendo para encher totalmente. Prepare-se para ver a glória de Deus cobrir a terra!*

Acredito que estamos fazendo muitas coisas pela nossa força nos anos modernos, mas precisamos tirar as mãos desse mover divino. Esse é o seu reavivamento e a sua colheita. Nesse tempo, não há lugar para a carne da humanidade glorificar-se em sua presença ou controlar ou manipular em sua "ausência". O céu ficou pesado, nublado, com ventos e uma *chuva torrencial* vem chegando. *Esse é o poder **miraculoso de Deus*** chegando a essa geração.

DEVEMOS ORAR POR ISSO

Já vimos manifestações da glória de Deus. Como em Ezequiel 47, o rio está subindo, uma nova onda de glória sobrepujará todas as outras. Ela será maior do que o derramamento que aconteceu em Azuza, no início da década de 1990. Seu brilho excederá o da "Última Chuva" e dos reavivamentos de cura de 1940 e 1950. Ela impactará a cultura mais do que a onda da unção que varreu a América durante o Movimento Jesus, e despertará um novo poder na vida da igreja que ofuscará o derramamento carismático que teve seu início na década de 1970. Você e eu devemos ser servos dessa nova onda da glória de Deus, mas primeiro devemos *orar por ela*. Então ela mergulhará você na unção divina como nunca aconteceu antes, o levará a lugares em que nunca esteve antes e o levará a fazer coisas que nunca fez antes.

Jejuando e orando *juntos*, podemos vencer todo obstáculo, obstrução e montanhas que bloqueiam o caminho entre nós e o nosso destino e chamado corporativo em Cristo! A vitória está apenas na esfera do Espírito, e por isso o demônio aproveita cada oportunidade para nos desviar do hábito da oração e do jejum levando-nos de volta para *a rotina natural*.

Creio que Deus deseja que a igreja amolde-se à rotina do jejum e oração *agora* porque ele sabe que ela será necessária se quisermos tomar posse da plenitude do nosso manto apostólico, ministério apostólico e unção apostólica *para realizarmos milagres, sinais e maravilhas. Hoje* o Senhor está perguntando: "Vocês serão um povo que terá a visão — minha visão — e estarão prontos a *pagar o preço* por meio da oração e do jejum?". Agora, deixe trazer isso para mais perto de você: *Você* está disposto a pagar o preço?

O reavivamento e colheita global nunca acontecerão, a menos que, *pessoalmente, nos* envolvamos com o propósito de Deus pela obediência da oração e do jejum. O solo do nosso coração deve estar *preparado* para receber a semente salvadora de Jesus. Isso pode ser feito de antemão apenas pelo trabalho de amor dos nossos joelhos diante do Pai de todos. À medida que trabalhamos com nossos joelhos, Deus libera o *poder* que liberta as pessoas.

Novamente, esse reavivamento e essa colheita das almas não acontecerá da maneira com que pensamos ou da maneira que "nós" sempre usamos no passado. Esse mover de Deus apenas seguirá os padrões revelados na sua Palavra. Paulo disse ao cético povo de Corinto: "Minha mensagem e minha pregação não consistiram de palavras persuasivas de sabedoria, mas consistiram de demonstração do poder do Espírito, para que a fé que vocês têm não se baseasse na sabedoria humana, mas no poder de Deus" (1Coríntios 2.4,5).

Enquanto jejuarmos e orarmos, Deus nos dará divino favor em relação aos governantes oficiais, líderes da cidade e outros "guardas" que podemos encontrar pelo caminho —*ou até mesmo em relação ao clima.

ESTE É O PODER DE DEUS!

Lembro-me da época em que Bonnie e eu alugamos um pequeno avião e voamos para o interior da África, para a cidade de Kiktwit, no Zaire. Na primeira noite em que estávamos lá, pregamos para 40 mil pessoas; a maioria delas nunca ouvira o evangelho pregado com poder. Quando o poder de Deus desceu, um garoto de 10 anos de idade, que havia sido coxo por toda sua vida, instantaneamente começou a andar! Então, no poder do Espírito Santo, eu disse: "Há um tumor gigante no estômago de alguém aqui e está desaparecendo!". O procurador geral da província de Bandudu (que inclui Kikwit) estava no meio da multidão naquela noite, e havia sido diagnosticado com um grande tumor na área do intestino. Ele veio até mim e disse diante de toda a multidão: "Ele apareceu de repente, e de repente sumiu! Quero servir Jesus por toda a minha vida!". *Esse* é o poder de Deus.

Não muito depois de nossa campanha em Kiktwi, diversos mistérios e uma fatal eclosão da febre hemorrágica Ebola chegou à cidade. No entanto, Deus enviara seus servos para preparar o povo dessa região com a mensagem de salvação e o poder do Santo Espírito diante daquela mortal eclosão. Isso revela a misericórdia e o amor de Deus e como ele quer usar pessoas comuns como nós para confrontar o inimigo e trazer os perdidos a Jesus.

Deus deseja nos dar sinais, maravilhas e milagres hoje, com o propósito de promover o evangelho e glorificar o seu nome. Quando respondermos a seu comando "Ide!", então seus sinais e maravilhas certamente seguirão. Entretanto, como Jesus, devemos genuinamente nos comprometer a tocar e abençoar os necessitados ao nosso redor. Os milagres que Deus nos dá não devem ser considerados "brinquedos carismáticos" para que os usemos de modo inconsequente ou algo que nos faz rir. São sinais maravilhosos de seu poder e amor que devem ser administrados humildemente para sua glória.

Lembro-me da ocasião em que tive uma reunião no denso cerrado da África central, onde milhares de pessoas se reuniram. O lugar era tão afastado, que não havia prédios ou tendas disponíveis para proteger as pessoas do sol ou dos fenômenos atmosféricos. Era uma verdadeira reunião a céu aberto. E, entre milhares de pessoas reunidas para ouvir o evangelho, havia centenas de crianças e bebês de colo.

ORDENE ÀS NUVENS QUE SAIAM

Enquanto eu me preparava para pregar para o povo, uma tempestade com muitas nuvens escuras e pesadas se juntou bem em cima da nossa cabeça. Elas não se dissipavam do céu; elas definitivamente estavam colocadas ali como se alguma força invisível as tivesse movido para aquela posição. Seria um desastre se o aguaceiro viesse naquele momento. Não havia nenhum lugar para correr, e os raios poderiam tornar aquele momento em uma situação fatal. Estava orando bem baixinho a respeito disso, quando um dos líderes locais de repente anunciou para a multidão: "E agora o homem de Deus da América, Mahesh Chavda, orará e ordenará às nuvens que saiam!", e se virou para mim!

Engoli seco e fui para a frente pensando: "Senhor, não sei como fui colocado neste lugar, mas o Senhor é o único que pode responder a essa oração. Por favor, responda meu pedido em nome de Jesus". Então pedi que Deus dispersasse as nuvens enquanto a multidão me ouvia (e me assistia). As nuvens se dissiparam em poucos minutos e pude continuar a pregar o evangelho sem que um único pingo de água caísse sobre a multidão. Esse sinal milagroso e maravilhoso foi uma grande testemunha do poder de Deus aos africanos; e muitos vieram a Jesus naquele dia por causa da manifestação aberta de seu poder e força.

Quanto maior o poder de Deus, maior a oposição de Satanás contra nós. Como de costume, *se pagarmos o preço em obediência por meio da oração e do jejum,* Deus terá uma forma de transformar aquilo que o inimigo havia planejado para o mal em algo incrivelmente bom. Em muitos casos durante a colheita que está por vir, essa transformação pode literalmente ser um sinal e uma maravilha que trará convicção aos não-salvos, e glória a Deus.

Enquanto ministrava na cidade de Mbuji-Mayi, um centro de bruxaria em Kasai, Zaire, milhares de pessoas nasceram de novo. Os feiticeiros e mestres em bruxaria ficaram extremamente irados porque não havia ninguém mais para pagar-lhes para amaldiçoar as pessoas. As pessoas que eles haviam amaldiçoado estavam sendo salvas, e as *maldiçoes não faziam mais efeito.* Em outras palavras, o evangelho de Jesus Cristo estava tirando o negócio dos feiticeiros.

Em represália, os feiticeiros arrumaram um jeito de mandar o chefe da feitiçaria para nossa reunião, a fim de que ele, pessoalmente, *lançasse uma maldição contra mim.* Enquanto orava pelo povo em diversas filas de oração, esse chefe dos feiticeiros fingiu estar doente, e assim conseguiu misturar-se entre as centenas de pessoas que esperavam por oração na fila. Ele era um desconhecido para mim e ficou no final da terceira fila. Os pastores locais o conheciam, mas estavam com tanto medo de suas pragas, que ficaram quietos sobre a identidade do homem.

O feiticeiro era um homem alto que usava um colar de ossos humanos. Conforme me aproximei dele, ele começou a fazer um barulho; depois emitiu um som que não era humano. Era como uma combinação de sons de 14 ou 15 animais diferentes. Fiquei com o cabelo em pé enquanto ouvia os grunhidos e via seus olhos revirarem. Tive o discernimento claro para saber com quem eu estava lidando e disse para mim mesmo: "Esse homem necessita de muita ajuda".

Não fiz nenhuma oração brilhante para sua libertação. Simplesmente disse: "*Jesus, abençoe esse homem*".

O FEITICEIRO CHEFE FOI AO CHÃO

Enquanto dizia aquelas palavras, foi como se milhares de *volts* de eletricidade tivessem atingido o corpo do chefe dos feiticeiros. Ele foi lançado a mais de 3 metros de altura e, violentamente, bateu no chão. Todas as vezes que ele tentava se levantar, não conseguia dar um passo. Aquilo fez com que ele rugisse e grunhisse mais forte!

Algum tempo depois, encontrei-me com esse homem testemunhando para os pastores locais. Ele explicou que não conseguiu levantar-se do chão até confessar Jesus Cristo como Senhor. Quando olhou para mim, seus olhos se arregalaram, e ele apontava para mim e dizia: "Eu conheço os espíritos. Mas o espírito que esse homem tem é maior do qualquer espírito que já vi". Esse ex-feiticeiro estava simplesmente vendo o poder sobrenatural do Espírito Santo trabalhando.

Deus também moverá de maneiras novas e extraordinárias nessa grande colheita — mesmo à distância e usando meios não ortodoxos (afinal de contas, ele é Deus e pode fazer o que quiser). Em uma campanha evangelística na Costa Rica, os cultos estavam sendo transmitidos ao vivo pelo rádio para diversos países. No terceiro dia do encontro, uma mulher que ouvira nosso ministério pelo rádio veio ao culto e disse que gostaria de compartilhar seu testemunho. Ela nos contou a incrível história do poder da cura divina.

"Eu estava ouvindo este homem (apontou para mim) ao rádio, três dias atrás. Eu tinha um tumor gigante do tamanho de uma laranja crescendo dentro da minha garganta. Quando ouvi este homem pregando a Palavra de Deus, o tumor começou a vibrar. Enquanto ele pregava, o tumor sacudiu mais e mais violentamente. De repente, ele estourou dentro da minha garganta e saiu pela minha boca."

Quando a mulher foi aos médicos, eles fizeram 18 raios-x separadamente de sua garganta durante um período de 36 horas e foram incapazes de encontrar um único rastro do tumor maligno que ela tinha antes da intervenção divina! O mais importante para mim foi que eu não estava lá para impor minhas mãos sobre ela. O Espírito Santo honrou a pregação da Palavra de Deus curando aquela mulher.

Muito frequentemente, Deus vai trabalhar por nosso intermédio quando "não sentimos nada", apenas para provar que é ele quem trabalha, não você ou eu. Nesse reavivamento, a carne não conseguirá roubar a glória de Deus reivindicando desempenhar coisas que somente Deus pode fazer. Lembro-me de outra ocasião quando pastoreava no Texas e uma família viajou muitos quilômetros do Novo México para ir até nossa igreja orar.

NADA A VER COM SENTIMENTOS

Essa família tinha cinco filhos, dois ainda eram bebês. A necessidade deles era crítica porque o corpo de sua mãe estava quase que totalmente consumido pelo câncer. Quando impus as mãos sobre aquela mulher *não senti nenhum milésimo de unção*. Naquele instante não tive fé para curá-la, mas eu disse: "Ó, Senhor, olhe para esses pequeninos, e *tenha misericórdia dessa família*".

No dia seguinte, a família pediu exames para a mãe num hospital da cidade vizinha. Os exames revelaram que não havia um único sinal de câncer no corpo dela. Toda a malignidade havia desaparecido. Consegui tocar o coração de Deus, nesse caso, clamando pela misericórdia do Senhor *exatamente* como Bartimeu fez no Novo Testamento. O chamado divino nada tem a ver com o nosso sentimento ou com as circunstâncias. Como soldados do Senhor, recebemos a ordem de fazer as coisas "*a tempo e fora de tempo*".[2] Novamente, por causa da magnitude da colheita que está diante de nós, precisamos aprender a ministrar "no seu descanso" em vez de ministrar de acordo com nosso esforço ou recursos pessoais.

Outra característica única desse reavivamento é o modo com que Deus usará os jovens e crianças para fazer a colheita. Também acredito que ele os usará de um modo que nos parece totalmente extraordinário e estranho, mas ainda será Deus. Certa vez, eu estava ministrando em Houston quando orei por um grupo de 70 crianças que tinham vindo à frente para ser cheias do Espírito. A unção veio até elas e começaram a cair sob o poder do Espírito, falando em línguas e chorando.

Entre essas crianças, havia um garotinho de 5 anos que começou a clamar violentamente ao Senhor, em línguas, enquanto as lágrimas escorriam pelo seu rosto. Ele ficou ligado ao poder de Deus por aproximadamente vinte minutos quando, de repente, um homem no fundo do auditório começou a soluçar muito. Um mexicano gentil veio à frente e ficou com o pequeno garotinho, que era o filho do homem do fundo do auditório. Quando seu pai deu sua vida a Jesus Cristo, eu percebi que o menininho *estava orando* por ele.

JOVENS GUERREIROS ESTÃO CHEGANDO!

Literalmente, veremos a profecia antiga chegar para essa grande colheita: "*Seus filhos e suas filhas profetizarão*". Estou absolutamente convencido de que Deus usará um novo exército de jovens guerreiros para carregar muito do peso e da força dessa grande colheita. Já existem muitos ruídos em muitas nações, um vasto exército de crianças e adolescentes está começando a acordar de seu sono. Talvez não vejamos agora, mas eles estão chegando.

---

[2] Ver 2Timóteo 4.2.

Aqueles de nós que são mais velhos devem estar prontos para aceitá-los, encorajá-los e sabiamente dirigi-los nas coisas de Deus. Acima de tudo, não devemos ser obstáculos ou proibi-los de responder ao chamado de Deus!

Finalmente, esse reavivamento e grande colheita não terá fronteiras, barreiras, muralhas ou preferências. Se houver, Deus abrirá o seu caminho para tocar o pobre, o rejeitado, o esquecido e todo humilde que houver entre nós! Devemos ter o mesmo coração que nosso Mestre teve ou seremos deixados para trás.

Enquanto estava no Zaire, África, estive numa visitação miraculosa de Deus com uma multidão de mais de 200 mil pessoas por noite. Ficamos surpresos com o enorme número de pessoas que vinha à frente, a cada noite, pedir oração. Por isso, decidimos que haveria um dia em que não faríamos nada além de impor as mãos pelos doentes críticos ou por aqueles que estavam morrendo.

Fui para o estádio esperando ver mil pessoas ou mais aguardando pela oração, mas em vez disso vi uma multidão de 25 mil pessoas esperando por mim! Havia dado minha palavra de impor as mãos sobre cada uma delas. Então respirei fundo e comecei a orar. Algumas daquelas pessoas haviam sido trazidas para a arena de carrinho de mão e muitas tinham um cheiro de sujeira que causava náuseas porque não se higienizavam há dias.

"FICO FELIZ POR ESTAR AQUI COM VOCÊ"

Naquele clima tropical, a sujeira produzida pela doença fica cem vezes pior. Havia muitos leprosos na multidão, misturados com pessoas que tinham fungos horríveis pelo corpo. Centenas de pessoas que estavam morrendo em estado terminal de AIDS também vieram receber oração. Não importa quão terrível fosse a doença que destruía seu corpo, eu tinha recebido uma ordem de meu Salvador, e esse é o mesmo mandato que ele deu a você. Eu